Markus Herbert

Komm höher herauf!

Markus Herbert

Komm höher herauf!

Visionen vom Berg Zion, dem Garten Eden
und dem himmlischen Jerusalem

GloryWorld-Medien

2. Auflage 2021

Bibelzitate sind, falls nicht anders gekennzeichnet, der Elberfelder Bibel, Revidierte Fassung von 1985, entnommen. Weitere Bibelübersetzungen:

LUT: Lutherbibel, Revidierte Fassung von 2017.

Das Buch folgt den Regeln der Deutschen Rechtschreibreform. Die Bibelzitate wurden diesen Rechtschreibregeln angepasst.

Lektorat: Frank Krause, Manfred Mayer
Satz: Manfred Mayer
Grafiken: Markus Herbert
Umschlaggestaltung: Jens Neuhaus, www.7dinge.de
Umschlagfoto: WhiteLabelRights
Foto Lochbrille: Markus Herbert
Grafik Exponentialkurve: Manfred Mayer

Printed in the EU

ISBN: 978-3-95578-377-8
Bestellnummer: 356377

Erhältlich beim Verlag:

GloryWorld-Medien
Beit-Sahour-Str. 4
D-46509 Xanten
Tel.: 02801-9854003
Fax: 02801-9854004
info@gloryworld.de
www.gloryworld.de

oder in jeder Buchhandlung

Stimmen zum Buch

Als ich Markus vor Jahren in Schorndorf kennenlernte, ahnte ich nicht, welche himmlische Tür unsere Freundschaft auftun würde. In seinem Buch schildert er Dimensionen im Geist, die bis jetzt nur sehr wenige wahrnehmen. In diesem Sinn ist er Pionier im deutschsprachigen Raum. Er öffnet manche Tür im Geist durch seinen einzigartigen Erzählstil, in dem er seine von Gott gegebene analytische Ausdrucksweise mit einem ganz kindlichen Glauben verbindet, basierend auf einer wachsenden, tiefen Beziehung zu seinem himmlischen Vater und Gott.

Seine Schilderung verschiedener Dimensionen im Geist (wie z. B. die des Berges des Herrn und des himmlischen Gartens) erweckt beim Lesen einen tiefen Hunger. Auch manche Antwort, die er von Gott Vater, Jesus und dem Heiligen Geist bekommen hat, sind wie neue Offenbarungen, die durch seine Erzählung freigesetzt wurden.

Markus, ich danke dir für deine Ehrlichkeit, deinen Mut, und dein Vorangehen im Geist. Für das Öffnen neuer Türen, durch die wir aufgrund der Beziehung zum Vater durch Jesus Christus gehen dürfen. Unsere Antwort auf dieses Buch kann nur sein: „Was er erlebt hat, das will ich auch erleben!“

Rebecca Weisser, Leiterin des HOPP
(House of Prayer & Praise), Triberg im Schwarzwald.

Wer seine Bibel liest, ist mit der Aufforderung aus Kolosser 3,1 vertraut, *„zu suchen, was droben ist, wo der Christus ist, sitzend zur Rechten Gottes“*. Es gibt wohl nur wenige, die das so ernst genommen haben wie Markus. Der Heilige Geist führte ihn bei der Entdeckung geistlicher Reichtümer und Schätze in himmlische Regionen, zu denen wir in Christus Zugang haben. Die Wirkung, die diese persönlichen Begegnungen mit dem Vater, dem Sohn, dem Heiligen Geist, Engeln und anderen Bewohnern des Himmels auf Markus gehabt haben, ist mit Worten nicht zu beschreiben. Mögen diese Berichte diejenigen anregen, herausfordern und ermutigen, die nach mehr von Gott hungern. Er wird sich von ihnen finden lassen.

Pamela Giehl
Leiterin von *Kingdom Life NOW e.V.* in Schorndorf.

Die gemeinsame Lektoratsarbeit an diesem Buch hat mir eine Menge weiterer Einblicke in das beschert, *was* Markus und *wie* er es erlebt hat. Über vieles haben wir uns ausgetauscht und dabei gesehen, dass einfach *alles,* obgleich es auch so schon spannend und inspirierend ist, doch nur ein Anfang von viel mehr ist. Wir teilen die Ansicht, dass es für die Gemeinde der Zukunft unabdingbar ist, die Dimensionen des Reiches Gottes neu zu erschließen und unsere Beziehung mit dem Himmel wesentlich zu vertiefen.

Frank Krause, Autor und Sprecher
Windeck, am Fuße des Westerwalds.

Wahrscheinlich gehöre ich zu den wenigen Leuten, für die das Buch sich völlig normal anfühlt. Geistliche Gaben entwickeln sich, sofern man bereit ist, seine Wohlfühlzone zu verlassen. Gott stellt seine Nachfolger immer wieder vor neue Vertrauensentscheidungen, indem er ihnen *nicht* sagt, wohin die Reise geht. Kommen sie mit und lassen sie sich darauf, bewährt sich ihr Glaube und sie können hinterher von den Wundern erzählen, die sie erlebt haben.

Wer im Reich Gottes Vollmacht bekommen möchte, muss gewöhnlich den Weg des Leidens beschreiten, dessen muss man sich bewusst sein. Nur einem Menschen, der sich in schwierigen Situationen bewährt hat, kann Gott tiefer gehende Offenbarungen anvertrauen.

Neid und Missgunst unter Christen, ich nenne es *Friendly Fire*, haben eine größere zerstörerische Auswirkung, als viele sich vorstellen können. Im geistlichen Kampf ist es häufig schwieriger, gegen solche Angriffe anzukommen als gegen die Mächte der Finsternis selbst. Darum sollte dieses Buch nicht überkritisch oder mit Eifersucht gelesen werden, sondern als persönliche Ermutigung.

Seit etwa zehn Jahren bete ich mit Markus zusammen und es ging dabei viel um innere Heilung. Was wir auf dieser Reise erlebt haben, ist unglaublich, aber wir sind definitiv nicht am Ziel, sondern eher am Anfang unseres Christseins. Wir beten und hören weiter.

Dirk Höppner, Leiter der Privaten Musikinstitute
Christine & Dirk Höppner (Zell am Main)

Dieses Buch könnte beim Leser Mauern zum Einsturz bringen, die sich als Denkkonzept gegen die Erkenntnis Gottes erheben (vgl. 2 Kor 10,5). Vom humanistischen Denken beeinflusst, leben wir in einer Gesellschaft, in der die Vernunft zum Gott erhoben wurde. Das hat auch subtilen Einfluss auf uns Christen. Bei Erkenntnis denken wir daher gerne an richtige theologische Lehre. Doch es geht eigentlich darum, Gott zu erkennen, wie er wirklich ist – damit wir verdrehte Gottesbilder beseitigen können.

Beim Lesen dieses Buches wird man sich fragen, ob das alles wahr sein kann, oder ob Markus einfach eine besonders ausgeprägte Fantasie hat? – Wahrheit bedeutet für uns oft nur, zwischen dem zu unterscheiden, was wir für richtig oder falsch halten. Was wir auf Grund unserer christlichen Sozialisierung mitbekommen haben, halten wir für Wahrheit. Manche Denominationen beanspruchen so oft, die einzige Wahrheit zu haben. Aber ist diese Wahrheit dann auch unsere Realität? Sind wir auch das, was wir glauben?

Das Vaterunser kommt uns leicht über die Lippen, aber was bedeutet es, wenn wir sprechen: „Wie im Himmel, genauso auf Erden“?

Ein mir gut bekannter landeskirchlicher Pfarrer i. R. schreibt: „Gott wirkt auf viele Weise in die Welt hinein, auch durch Engel. Gott erlaubt von ihm erwählten Menschen einen Blick in den Himmel. Er kann Menschen Aufträge übergeben und ihnen besondere Kräfte und geistliche Gaben verleihen … Wenn Leser wie ich noch keine Engel gesehen haben, so ist das kein Beweis dafür, dass es sie nicht gibt. Ich kenne verschiedene Personen, die von solchen Erfahrungen erzählten; ihre Glaubwürdigkeit steht für mich außer Zweifel."

Ruhe ist auch einer der Schlüssel in diesem Buch. Nur wenn wir zu der vorgesehenen Ruhe gelangen, ist eine Beziehung zu Christus möglich, die solche Begegnungen eröffnet. Dieses Buch hilft uns zu erkennen, dass das Unsichtbare realer ist als alles Sichtbare (vgl. Hebr 11,3). Ich wünsche dem Leser und mir, dass wir von der Wahrheit zur Realität kommen, um das zu sein, was Gott sich vor Grundlegung der Welt für jeden von uns gedacht hat.

Peter J. Ischka
Vorstand von *Mission is possible* in Adelberg

Ich kenne Markus nun schon seit vielen Jahren. Er hat mir bei einer Reihe von Vaterherz-Konferenzen in Deutschland geholfen. Von Zeit zu Zeit hat er seine Erfahrungen mit Engeln, Jesus und dem Vater mitgeteilt. Markus stellt Fragen an Gott und erhält konkrete Antworten. Ich freue mich, dass er uns nun in seinem Buch daran teilhaben lässt.

Mit besonderem Interesse las ich Kapitel 4: „Auf dem Weg zum Vater". Hier wird besonders deutlich, dass das christliche Leben ein Prozess sein soll. Es beginnt mit dem Weg zum Vater, aber wenn man seine Umarmung erfahren hat, geht die Reise erst richtig los!

Wenn Sie dieses Buch lesen, wird Ihnen klar werden, dass es einen Weg zu gehen gibt. Gehen kann man ihn nur an der Hand Jesu. Und es gilt die zeitlose Weisheit: „Denke immer daran, ein Weg ist nur dann ein Weg, wenn du in gehst!" (Markus).

Henk Bruggeman
Leiter der Vaterhaus-Gemeinde in Den Haag,
Mitarbeiter von *Partners in Harvest*

Inhalt

Vorwort

Dieses Buch habe ich für alle geschrieben, die sich nach der Erfüllung von Joel 3,1-2 in ihrem Leben sehnen:

> *Und nach diesem will ich meinen Geist ausgießen über alles Fleisch, und eure Söhne und Töchter sollen weissagen, eure Alten sollen Träume haben, und eure Jünglinge sollen Gesichte sehen. Auch will ich zur selben Zeit über Knechte und Mägde meinen Geist ausgießen.*

Der Prophet Joel (die Übersetzung seines hebräischen Namens lautet „JHWH ist Gott") bekam diese Offenbarung von Gott vor über 3000 Jahren als Teil des Alten Testaments. Begonnen hat die Erfüllung an Pfingsten in Jerusalem, aber komplett erfüllt hat sich diese Prophetie noch lange nicht. Ich empfehle als Einstieg zu diesem Buch sowohl den Propheten Joel als auch Apostelgeschichte 2 nachzulesen.[1]

Ich persönlich war es leid, nur Geschichten von Gott aus zweiter oder dritter Hand zu hören. Ich wollte es selber erleben, also ließ ich mich auf das Abenteuer ein, selber die Stimme Gottes zu hören. In Prediger 3,11 steht, dass Gott die Ewigkeit in unser Herz gelegt hat. Die Ewigkeit, in der sich Gott befindet, kann nur durch persönlichen Kontakt mit ihm erfahren werden. Irgendwann auf dem Weg war ich so zerbrochen, dass mir die Kosten egal waren. Ich gab dem verzweifelten Schrei meines Herzens nach, ihn zu suchen – mit meinem ganzen Herzen, meiner ganzen Seele, meinem ganzen Verstand und mit meiner ganzen

---

[1] Wer keine Bibel zur Hand hat: Unter www.bibleserver.com gibt es sehr gute Bibelübersetzungen. Die Kürzel/Abkürzungen aller Bücher in der Bibel, die ich in diesem Buch verwende, finden sich bei Wikipedia unter dem Stichwort „Liste biblischer Bücher"

Kraft (vgl. Mk 12,30). Den geistlichen Weg zu gehen, funktioniert nur dann, wenn du ohne eine Begegnung mit Gott nicht mehr weiterleben kannst, sonst bleibt es optional bzw. beliebig.

Ich bin kein Romanautor, sondern Diplom-Ingenieur. Erwarte bitte keinen Roman oder ausführlichste, bis ins kleinste Detail ausgearbeitete Visionen von mir. Durch meine naturwissenschaftliche Ausbildung und meinen Job bin ich es gewohnt, mich kurz und präzise zu fassen. Dies muss kein Nachteil sein, da dem Leser dieses Buches dadurch viel Raum bleibt, sich seine eigenen Gedanken zu machen. Voraussetzung dazu ist nur die Bereitschaft, sich mit Gott über das Gelesene zu unterhalten und sich darauf einzulassen. Bitte Gott vertrauensvoll darum, dir ebenfalls Träume und Visionen zu schenken (vgl. Lk 11,9-13). Ich habe die Du-Form gewählt, da Gott mich sehr persönlich angesprochen hat, und hoffe, dass das kein Problem für dich ist.

Diese Visionen über den Berg Zion, das Paradies und das himmlische Jerusalem in der unsichtbaren Welt entfalteten sich schrittweise vor mir über einen längeren Zeitraum. Sie waren fließend und nicht starr. Ich konnte an Orte, von denen ich schon Visionen erhalten hatte, wieder zurückkehren, um mehr Offenbarungen zu bekommen, die ich beim ersten Mal noch nicht hatte. Es waren keine Trancen; ich konnte jederzeit aus einer Vision „aussteigen". Wenn ich mich im Folgenden wieder darauf konzentrierte, ging die Vision weiter. Auch zeigte mir der Heilige Geist, welche meiner früheren Visionen ich zwecks eines besseren Verständnisses in dieses Buch aufnehmen sollte.

So fügte sich vor mir diese himmlische Reise Schritt für Schritt zusammen. Dieses Buch ist ein Zeugnis dieses Prozesses. Es waren sowohl Träume und Visionen sowie prophetische Eindrücke als auch Worte der Erkenntnis und Weisheit dabei (vgl. 1 Kor 12,8-9). Die Bilder, die Gott gebrauchte, waren Bilder aus *meinem* Erfahrungshorizont. Jemand anderes mag die gleichen Visionen und Träume mit anderen Bildern von Gott bekommen. Das heißt aber nicht, dass sie sich widersprechen. Vielleicht ist es nur eine andere Sicht darauf, von einer anderen Seite, wie zwei Seiten ein und derselben Münze.

Es gilt selbstverständlich auch für mich der Vers aus 1. Korinther 13,9 (LUT): ***Denn unser Wissen ist Stückwerk und unser prophetisches Reden ist Stückwerk.*** Diese Visionen sind Stückwerk, und wenn du, lieber Leser, liebe Leserin, dich darauf einlässt, können diese Visionen bei dir weitergehen – mit weiteren Facetten zur Vertiefung oder als Ausgangspunkt für neue, eigene Visionen. Dies ist mir öfters beim Lesen der visionären Bücher des Autors Frank Krause passiert.

Prüft aber alles, das Gute haltet fest! (1 Thess 5,21). Aber bitte nicht mit dem Verstand, sondern mit dem Herzen prüfen, durch Reden mit Jesus Christus darüber, aus der Position einer intimen Herzensbeziehung heraus. Die Gabe der Geisterunterscheidung wächst im Herzen durch Kommunikation mit Jesus Christus über Fragen und Antworten. Am Anfang dieser Visionen stand für mich ein hartnäckiges Fragen an Gott, den Vater, Jesus Christus, seinen Sohn und den Heiligen Geist. Doch jede Antwort von Gott hat wiederum mindestens zehn weitere Fragen aufgeworfen. Auf diese Weise vertiefte sich die Beziehung mit jeder Antwort von Gott, weil ich gezwungen war, immer weitere Fragen an ihn zu stellen. Dadurch entfalteten sich diese Visionen immer mehr vor meinen geistigen Augen.

Wenn du, lieber Leser, liebe Leserin, dich darauf einlässt und selber ins Fragen kommst, dann hat dieses Buch seinen tieferen Zweck erfüllt. Dadurch kommst du Gott näher und näher. Und wenn du denkst, du seist Gott schon sehr nahegekommen, geht es doch immer noch näher und tiefer in die persönliche Beziehung mit Gott hinein. Bedenke: Worauf du dich fokussierst, das nimmt in deinem Leben zu, und in der Folge wirst du es. Doch sei gewarnt! Ich dachte, ich wüsste über diese himmlischen Orte Bescheid. Jedoch belehrte mich Gott, dass ich keine Ahnung davon hatte. Es könnte auch bei dir geschehen, lieber Leser, liebe Leserin, dass deine Vorstellungen über den Haufen geworfen werden. Das kann verwirrend sein, ist aber notwendig, um der Wahrheit näherzukommen.

Kapitel 1

Wie alles begann

Das erste Kapitel enthält noch keine Visionen vom Berg Zion, dem Garten Eden oder dem himmlischen Jerusalem. Ich habe dieses Kapitel jedoch vorangestellt, um meinen Weg in der Nachfolge von Jesus Christus zu beschreiben. Dieser Weg und die Veränderungen (Verwandlungen) auf diesem Weg waren die Voraussetzungen dafür, um die später in diesem Buch beschriebenen himmlischen Visionen und Träume zu empfangen. Ich bin mir sicher, dass ich ohne diese Veränderungen die Visionen nicht hätte empfangen können und schon gar nicht verstanden hätte. Es fing bei mir mit einfachen Bildern an; im weiteren Verlauf begann ich die Stimme Gottes zu hören. Auf dieser Basis wiederum empfing ich komplette Visionen, in die ich interaktiv eingebunden war. Die Konstante auf diesem Weg war, dass ich mit Gott darüber reden musste. So konnten sich die „kleinen Anfänge" zu dem entfalten, was in diesem Buch beschrieben ist.

Vor über zehn Jahren las ich das Buch „Die Geisterstadt – Das Geheimnis des Bösen"[1] von Frank Krause. Dieses Buch kann ich nur wärmstens weiterempfehlen. Dadurch, dass ich mich darauf eingelassen habe, hat es mein ganzes Leben verändert. In Kapitel 1, „Die Geisterstadt", ist die Vision von „Martin" beschrieben.[2] Es geht in dieser Vision um den „kleinen Martin", die Kind-Version des erwachsenen Martins. Dieser kleine Martin lebt im

---

[1] Frank Krause, „Die Geisterstadt – Das Geheimnis des Bösen", GloryWorld-Medien 2010.

[2] Wen diese Vision interessiert: Unter dem Link https://bit.ly/2WgmWNw liest der Autor dieses Kapitel persönlich vor.

Herzen des großen Martins völlig verwahrlost in einer finsteren Höhle. Der „große Martin“ hatte Jesus gebeten in sein Herz zu kommen, ohne wirklich zu wissen, was das bedeutet und auf was er sich da einließ. Er hatte den Kontakt zu seinem eigenen Herzen fast komplett verloren, und damit auch zu seinem inneren Kind-Martin.

Diese herzzerreißende Geschichte beschreibt, wie Jesus in die Höhle des „kleinen Martins“ kommt und ihm hilft, aus diesem verdreckten, von Fliegen wimmelnden Ort in die Freiheit und die Weite des Herzens zu kommen. Auf diese Weise konkretisierte sich die Bibelstelle aus Jesaja 61,1:

> *Der Geist des Herrn, HERRN, ist auf mir; denn der HERR hat mich gesalbt. Er hat mich gesandt, den Elenden frohe Botschaft zu bringen, zu verbinden, die gebrochenen Herzens sind, Freilassung auszurufen den Gefangenen und Öffnung des Kerkers den Gebundenen.*

Jedes Mal, wenn ich diese Geschichte lese, bewegt sie mich wieder tief in meinem Herzen. Wie Jesus mir später zeigte, habe nicht nur ich das Problem, sondern die meisten Menschen haben den Zugang zu ihrem Herzen verloren, weil sie ihr Herz nicht behütet haben (vgl. Spr 4,23). Ohne Zugang zu meinem Herzen, war ich kaum in der Lage, Gefühle zu zeigen oder emotional am Schicksal anderer Menschen Anteil zu nehmen. Ich ging eher wie ein Roboter oder, härter ausgedrückt, wie ein Zombie durchs Leben. Vom wirklichen Leben hatte ich keine Ahnung; ich war nur noch im Überlebensmodus.

Als ich diese Geschichte von Martin zum ersten Mal las, wusste ich intuitiv sofort, dass ich in der gleichen üblen Situation steckte wie Martin in dieser Vision. Ich musste den Namen Martin nur durch meinen eigenen ersetzen, dann wurde es zu meiner Geschichte. Denn auch ich hatte keinen Kontakt mehr zu meinem Herzen. Ich dachte vielmehr, die dauernden Probleme in meinem Alltag und die Knüppel, die ich mir selbst zwischen die Beine warf (auch Selbstsabotage genannt), seien irgendeine finstere Macht oder ein Dämon in mir.

Dass ich selbst so ein kleiner Martin sein könnte, darauf wäre ich im Traum nie gekommen. Da ich keinen blassen Schimmer hatte, wie ich wieder Kontakt zu meinem Herzen bekommen konnte, bat ich Jesus (wie in Franks Vision), er möge doch bitte in mein Herz zu dem „kleinen Markus" gehen, um ihn zu befreien und den Kontakt zu meinem Herzen wiederherzustellen. Zu diesem Zeitpunkt war ich mir nicht bewusst, ob der „kleine Markus" nur ein Bild, ein Symbol für mein Herz war oder wirklich meine jüngere Persönlichkeit in mir. Stelle dir die Baumscheibe eines älteren Baumes vor. Dort findest du alle Jahresringe. Also ist in dem alten Baum von 59 Jahren auch der junge Baum mit 5 enthalten.

Offensichtlich hatte die Bibelstelle ***„Wahrlich, ich sage euch, wenn ihr nicht umkehrt und werdet wie die Kinder, so werdet ihr keinesfalls in das Reich der Himmel hineinkommen"*** aus Matthäus 18,3 eine weitaus tiefere Bedeutung, als ich bisher gedacht hatte. Als sich ein paar Wochen lang vermeintlich nichts getan hatte, vergaß ich die Sache wieder. Jesus hatte es jedoch nicht vergessen und wirkte im Hintergrund in mir, gemäß meiner Bitte an ihn.

Der erste Kontakt

Einmal passten meine Frau und ich bei einem befreundeten Ehepaar auf deren beide Töchter auf. Ich spielte mit der älteren, fünfjährigen Tochter schon eine Zeitlang, als sie mir plötzlich minutenlang direkt in die Augen schaute. Es fühlte sich so an, als würde sie durch mich hindurchschauen, so, als würde sie etwas in mir oder hinter mir wahrnehmen. Dieser lange Augenkontakt war sehr ungewöhnlich für ein Kind. Nach einer gefühlten Ewigkeit spielte sie fröhlich weiter, als sei nichts gewesen. Ich wunderte mich zwar, sagte aber nichts. Meine Frau brachte dann später die Kinder ins Bett und ich blieb noch im Wohnzimmer sitzen, bis die Eltern wieder nach Hause kamen.

Ich setzte mich gemütlich in einen bequemen Sessel und begann leise in Sprachen zu beten (dies erfrischt den Geist gemäß 1. Korinther 14,4). Nach einiger Zeit des Betens sah ich plötzlich in einer Vision, wie Jesus auf mich zukam und den „kleinen Markus" im Arm hielt. Er hatte ihn offensichtlich aus dem inneren Gefängnis, aus der Höhle in meinem Herzen, befreit. Das war ich als Kind, geschätzt so zwischen fünf und sechs Jahren. Jesus übergab mir den „kleinen Markus", sodass jetzt ich ihn in meinen Armen halten konnte. Was für ein dramatisches Wiedersehen nach so langer Zeit! Wir heulten beide jede Menge Freudentränen und hielten uns lange in den Armen. Meine liebe Frau kann bestätigen, dass ich mich seit diesem Ereignis positiv verändert habe.

Seit damals kann ich mit dem „kleinen Markus" in meinem Herzen reden. Der Zugang zu meinem Herzen ist wieder frei. Wie mir der „kleine Markus" später einmal sagte, sah er mich, als er schon in den Armen von Jesus aus der Höhle befreit worden war, mit der Tochter meines Freundes spielen. Sie hatten sich direkt in die Augen geschaut, daher der Blick durch mich durch. So fasste der „kleine Markus" den Mut, Jesus zu bitten, Kontakt mit mir aufzunehmen. Jesus beschützte jetzt mein Herz und den „kleinen Markus" in mir, sodass der Kontakt nie mehr verloren gegangen ist – bis heute nicht, da ich nach beinahe zehn Jahren dieses Buches schreibe, und trotz aller Angriffe auf diese Verbindung. Leider habe ich diese Erfahrung ein paar Christen zu viel erzählt, die damit nichts anfangen konnten. Wie der Heilige Geist mir im Nachhinein erklärte, konnten die Mächte der Finsternis mich und meine Verbindung zu meinem Herzen durch den in ihnen aufkeimenden Neid bzw. ihre Missgunst (bewusst oder unbewusst) angreifen. Ich durfte daraus lernen, zuerst Gott zu fragen, wem ich was erzählen kann.[3]

Die Transformation

Doch das war bei Weitem nicht alles, was nach diesem ersten Kontakt geschah. Ich muss dazu sagen, dass ich fast keine Erinnerungen an meine Kindheit habe. Wenn, dann nur von Erzählungen aus zweiter oder dritter Hand. Jetzt konnte ich mit dem

[3] Mittlerweile gibt es verschiedene Literatur bezüglich der Diskussion über das innere Kind.

„kleinen Markus" in meinem Herzen spielen und so Teile meiner verpassten Kindheit nachholen. Diese Visionen waren einfach herrlich! Je nachdem, was wir uns ausdachten, entstand es in meinem Herzen, und wir konnten zusammen damit spielen, wie zum Beispiel Schwimmen im Meer oder gemütlich Zusammensitzen an einem Lagerfeuer. Es war eher wie ein „interaktives Videospiel" und erweiterte meinen „Visionshorizont" ganz erheblich.

Eines Tages kam ich auf die Idee, in meinem Geist zu fragen: „Heiliger Geist, bist auch du in meinem Herzen?" Klar und deutlich kam sofort die Antwort des Heiligen Geistes: „Natürlich bin ich in deinem Herzen, lieber Markus." „Und wieso kann ich dich jetzt so klar und deutlich hören?" „Ich war schon immer in dir", sagte der Heilige Geist, „aber jetzt, da dir Jesus wieder den Zugang zu deinem Herzen geschenkt hat, kannst du auch mich viel deutlicher wahrnehmen, als das nur in deinem Verstand möglich war!"

Ich hatte früher schon prophetische Eindrücke gehabt und auch manchmal die leise Stimme Gottes vernommen. Doch diese Klarheit der Eindrücke und der Stimme Gottes waren mir neu. Wie mir Jesus später erklärte, war die Versöhnung mit dem Kind in mir eine Art Initiation[4], im Sinne einer erstmaligen „Freischaltung", wodurch ich mehr und detailreichere Visionen von Gott empfangen konnte. Der Heilige Geist konnte mir daraufhin einiges über den desolaten Zustand meines Herzens zeigen: Viele Dornen und Disteln wuchsen dort, die durch Verletzungen sehr tief verwurzelt waren (vgl. Ps 139,23).

Mir war bewusst, dass sowohl ich selbst als auch andere viel schlechte Saat in mein Herz gesät hatten (vgl. Gal 6,7). Ich hatte mein Herz nicht behütet, so wie ich es sollte (vgl. Spr 4,23). Darüber tat ich Buße und bat den Heiligen Geist um innere Heilung. Als Antwort auf meine Bitte machte sich der Heilige Geist als „Gärtner meines Herzens" an die Arbeit, die Dornen und Disteln daraus zu entfernen, das Land umzupflügen und Gottes neue,

[4] Eine ausführlichere Erklärung des Begriffes Initiation gibt es im Tagebuch (BLOG) des Autors Frank Krause:
https://blog.autor-frank-krause.de/2019/12/14/the-purge-teil-3/

gute Saat zu pflanzen. Auch sorgte er für viel lebendiges Wasser, damit die gute Saat aufgehen konnte. Alles was er dazu von mir benötigte, war, dass ich ihm die Erlaubnis gab und mich auf den Prozess der Kultivierung einließ. (Dies ist wunderschön in Kapitel 9 des Buches „Die Hütte“[5] beschrieben.)

Wie in diesem Buch erlebte ich Zuspruch von Gott mittels der Bildsprache eines Gartens. Eines Morgens wachte ich auf und es roch intensiv nach Kräutern. Es waren aber weder Pflanzen noch Kräuter in meinem Schlafzimmer. Da ich mir das rational nicht erklären konnte, fragte ich den Heiligen Geist, wo dieser Duft herkomme. „Ich lege in deinem Herzen gerade einen Garten mit Heilkräutern an. Diese werden dir zur Heilung dienen, wenn sie ausgewachsen sind“, war seine Antwort. „Dies ist ein Bild, das ich dir für deine zukünftige Heilung schenke.“ Im Nachhinein, denke ich, dass dies einer der Schlüssel zur Heilung in einer schweren gesundheitlichen Krise war, die ein paar Monate später folgte.[6]

Erste Vision vom Vater

Mit dem „kleinen Markus“ zusammen hatte ich auf dieser Herzensebene meine erste Vision vom himmlischen Vater. Ich spielte gerade im Geist mit dem „kleinen Markus“, als wir uns an einem Meeresstrand befanden. Nach einiger Zeit des Herumtobens standen wir nebeneinander am Strand, blickten auf das Meer hinaus und lauschten den Wellen. Da bemerkte ich, dass sich etwas veränderte – ich nahm eine Präsenz wahr, die ich noch nie zuvor gespürt hatte. Vorsichtig blickte ich mich um. Ich spürte, wie diese Person meine Hand nahm. Es war nicht der „kleine Markus“, da diese Person an ihrer anderen Hand die Hand des „kleinen Markus“ hielt.

Ich weiß nicht genau wie, aber mir wurde intuitiv klar, dass dies der himmlische Vater war. Ich wollte den Vater gleich mit

---

[5] William Paul Young, „Die Hütte – Ein Wochenende mit Gott“, Ullstein Buchverlage GmbH, 2012.

[6] Mein Heilungszeugnis findet sich auf meiner Webseite www.ecoach24.de.

jeder Menge Fragen bestürmen, doch er sprach, meine aufkommenden Gedanken lesend, zu mir: „Warte Markus, deine Fragen werden dir der Heilige Geist und mein Sohn Jesus später beantworten. Doch jetzt genieße diesen Moment mit mir." Das war wirklich ein magischer Augenblick. Zu dritt beobachteten wir einen wunderschönen Sonnenuntergang in den herrlichsten Farben. Als es dann dunkel wurde, legten wir uns alle auf den Rücken und blickten in die Sterne.

Ich konnte alle Sterne, Sonnen, Galaxien usw. sehen, die der Vater geschaffen hatte, in einer Klarheit, wie es mit irdischen Teleskopen niemals möglich gewesen wäre. Es war so schön, wie der Vater mir einen Blick auf seine Schöpfung gewährte. In diesem Moment wusste ich, warum die ganze Schöpfung ihn anbetet. Der „kleine Markus" und ich taten das natürlich auch, aber nicht mit Worten, sondern mit unserer ganzen Existenz. In Worte lässt sich das auch nicht fassen. Auf jeden Fall ist Gott dieser ganzheitlichen Anbetung würdig. Irgendwann bin ich dann im Natürlichen eingeschlafen; diese Vision ist jedoch wie eingebrannt in mir und jederzeit präsent. Später kamen noch mehr Visionen vom Vaterherzen Gottes dazu, worüber ich noch berichten werde.

Das Ziel der Verwandlung

So veränderte mich der Heilige Geist durch jede Begegnung mit Gott Stück für Stück weiter. Das machte mich wiederum bereit für den nächsten Schritt. Natürlich wollten die Mächte der Finsternis diesen engen Kontakt zu Gott mit allen Mitteln verhindern. Ich erlebte, dass buchstäblich die Hölle losbrach, um meinen geistlichen Fortschritt zu lähmen. Der Kampf mit den Mächten der Finsternis wäre ohne den Kontakt zu meinem Herzen und dem „kleinen Markus" aussichtslos gewesen.

Hier ein kleines Beispiel dafür: In der Bibel steht in 1. Thessalonicher 5,17, dass wir unablässig beten sollen. Menschlich gesehen ist das völlig unmöglich. Aber dem „kleinen Markus" in meinem Herzen war dies sehr wohl möglich. Er betete zum Beispiel die Worte „Jesus lebt!" immer und immer wieder in mir.

Solange ich wach war, betete ich im Geist mit ihm. Zehn bis zwölf Stunden waren keine Seltenheit. Musste ich mich zum Beispiel auf einen Telefonanruf oder eine Fernwartung in meinem Job konzentrieren, klinkte ich mich für diese Zeit aus. Wenn ich mit meiner Tätigkeit fertig war, machte ich mit dem Gebet, zusammen mit dem „kleinen Markus", einfach wieder weiter. Das ging eine ganze Woche so, was mich auf den darauffolgenden Kampf um Leben und Tod vorbereitete. Aber das ist eine andere Geschichte.

Mir ist durchaus klar, dass dies eine sehr ungewöhnliche Art zu „beten" ist, wenn man es überhaupt so nennen kann. Es war eher eine anhaltende Proklamation, die aus meinem Innersten, aus meinem Herzen hervorkam. Es war für mich kein „Plappern wie die Heiden" (vgl. Mt 6,7) oder das permanente Wiederholen eines Mantras. Jesus sagte zu Fällen, die nicht eindeutig als gut oder schlecht einzuordnen sind, wir sollten warten und die Frucht davon beobachten (vgl. Mt 7,16-20). Bei mir war eine Frucht, als es um Leben und Tod ging, dass ich mehr als zwei Monate jeden Abend mit meinem Gebetspartner beten konnte. Dies ist menschlich gesehen für einen selbstständigen Ingenieur nicht möglich.

Ich füge noch ein Gespräch mit Jesus ein, das ich zu einem späteren Zeitpunkt mit ihm über den Begriff der Transformation (Verwandlung) geführt habe. Mir waren der Umfang und die Tragweite der Transformation überhaupt nicht bewusst. Er gab mir folgende Offenbarung darüber:

„Ziel der Transformation ist es, noch viel mehr mit mir eins zu werden. Das geht weit über ein neues Herz und einen neuen Geist hinaus (vgl. Hes 36,26). Als du mir dein Leben übergeben und mein Opfer am Kreuz von Golgatha angenommen hast, bist du mit mir gekreuzigt, gestorben und begraben worden (vgl. Römer 6 bis 8). Nicht intellektuell, virtuell oder sonst irgendwie vergeistlicht, sondern ganz real. Dein sündiger Teil, auch Fleisch genannt, war vor 2000 Jahren mit mir am Kreuz. Es sind nur wenige, die dies in der Tiefe begreifen."

Jesus führte weiter aus: „Transformation und Aufstieg heißt in diesem Zusammenhang nicht, dass auch du physisch sterben und auferweckt werden musst, wie zum Beispiel Lazarus! Ihn habe ich auferweckt und er hatte danach den gleichen Körper wie vorher (vgl. Joh 11,43). Nachdem ich physisch gestorben war, wurde ich in ein Grab gelegt. Gemäß meiner Prophezeiung (vgl. Mt 12,40) war ich drei Tage und drei Nächte in der Unterwelt (vgl. auch 1 Petr 3,18-20), auch Hades oder Gefängnis genannt. Nach diesen drei Tagen bin ich aus der Unterwelt wieder aufgestiegen auf die Erde. Ich hatte jedoch einen transformierten Körper. Genau um diese Transformation und diesen Aufstieg geht es für euch. Wenn ihr mit mir gestorben seid, müsst ihr auch mit mir auferstehen. Das betrifft Körper, Seele und Geist.

Mit meinem transformierten Körper konnte ich essen und trinken, brauchte es aber nicht (vgl. Lk 24,41-43 und Joh 21,15), Menschen erkannten mich oder auch nicht (vgl. Lk 24,13-30). Mauern und Türen stellten keine Hindernisse mehr für mich dar (vgl. Joh 20,26). In der Nachfolge war es für meine Jünger normal, sich mit Engeln und Menschen aus der Wolke der Zeugen zu unterhalten (vgl. Apg 8,26) oder wie Philippus ohne Zeitverlust von einem Ort zu einem anderen zu gelangen. Es gibt heutzutage Nachfolger von mir, die diese Erfahrungen im Geist schon gemacht haben bzw. machen.[7] Auch du, Markus, hast bis jetzt nur an der Oberfläche davon gekratzt. Dies soll euch eine Hoffnung und eine Motivation sein, euch nach viel mehr von mir auszustrecken."

Spaziergang mit einem Engel

Im Sommer des Jahres 2016 war ich mit Frank zusammen auf dem Boot Siloam bei einer Vaterherz-Bootskonferenz mit Henk Bruggeman. Frank und ich waren für den Lobpreis zuständig, Henk predigte über das Vaterherz Gottes.[8] Einige meiner

---

[7] Vgl. Michael Van Vlymen, „Übernatürliche Versetzung – Vom Geist Gottes durch Raum und Zeit bewegt", Verlag ReformaZion Media, 2016.

[8] Vgl. Henk Bruggeman, „Das Herz des Vaters entdecken – Unsere Identität als Söhne und Töchter Gottes empfangen", GloryWorld-Medien, 2018 sowie seine Webseite: http://www.vaterherz-bruggeman.de.

schönsten Videos sind auf diesem Boot entstanden.[9] Die Siloam fuhr von Kampen in den Niederlanden über das Ijsselmeer mit Zwischenstopps zur Nordseeinsel Terschelling hinauf. Das Boot lag dort im Hafen von West-Terschelling für mehrere Tage. Die Nachmittage waren jeweils frei für Ausflüge. Da ich ziemlich müde war, legte ich mich in meine Koje, um zu schlafen. Meine Frau erkundete derweil mit anderen Teilnehmern der Konferenz die Insel.

Irgendwie konnte ich nicht zur Ruhe kommen, und so entschloss ich mich dann doch, an Land zu gehen, um in den Dünen und im Wald spazieren zu gehen. Ich muss noch erwähnen, dass ich im Vorfeld der Reise um den Schutz durch den Engel von Europa[10] gebeten hatte. Warum ich genau um diesen Engel als Begleitung gebeten hatte, weiß ich nicht mehr. Ich vermute, dass es eine Inspiration des Heiligen Geistes war. Dazu folgende Information zu einem seltsamen Zeitphänomen vorab: Ich lief die gleiche Strecke durch die Dünen und den Wald hin und zurück. Es herrschten gleiche Bedingungen zum Laufen: Es war sehr heiß und wenig Wind wehte. Hin benötigte ich für die Strecke zwei Stunden, zurück für den gleichen Weg jedoch nur eine Stunde und das, obwohl ich auf dem Hin- und Rückweg in etwa der gleichen Geschwindigkeit gegangen bin.

Während ich so gemütlich dahinspazierte, nahm ich auf einmal einen Engel neben mir wahr. Da ich um die Begleitung durch den Engel von Europa gebeten hatte, kam ich auf die Idee, ihn zu fragen, ob er dieser Engel sei, um den ich gebeten hatte. „Ja“, antwortete er, „ich bin der Engel von Europa. Du hattest Jesus ja um Begleitschutz durch mich gebeten.“ Jetzt war ich baff. So klar und deutlich hatte ich bisher noch mit keinem Engel sprechen können. Es fühlte sich jedenfalls so an, als

---

[9] Siehe die Videos und die Bilder auf der Webseite von Henk Bruggeman: http://www.vaterherz-bruggeman.de/bootskonferenz.html

[10] **Engel von Europa**: Aus Epheser 6,12 lässt sich meiner Meinung nach eine Hierarchie der Mächte der Finsternis vermuten. Dies scheint nach meinen Offenbarungen auch für die Engel, die dem lebendigen Gott dienen, der Fall zu sein. Nach den Offenbarungen, die ich vom Heiligen Geist erhalten habe, sind Engel über Gebiete (z. B. Deutschland, Europa ...) von Gott eingesetzt und mit der entsprechenden Autorität ausgestattet worden.

könne ich ein längeres Gespräch mit ihm führen. So überlegte ich fieberhaft, was ich ihn denn so alles fragen könnte.

Er war nicht materialisiert, sondern ich nahm ihn neben mir als ein leuchtendes Wesen war, aber durchaus in menschlicher Gestalt. Ich dachte bei mir, die Abkürzung „EvE" für den Engel von Europa wäre wohl nicht so passend, also fragte ich ihn: „Darf ich dich Steve (StEvE) nennen?" Warum ich das so gemacht habe und ihn nicht erst nach seinem Namen gefragt habe, weiß ich nicht mehr. Wahrscheinlich, weil mir bisher keiner der Engel, denen ich begegnet war, seinen himmlischen Namen verraten hatte. „Ja klar, du kannst mich Steve nennen – obwohl dies nicht mein himmlischer Name ist. Diesen darf ich dir nicht mitteilen." „Bist du schon länger auf dieser Erde?", fragte ich Steve. Ich dachte mir, wenn er der Engel von Europa ist, vielleicht ist er ja schon länger auf der Erde.

„Ja", antwortete der Engel, „früher nannten sie mich ‚Engel des Römischen Reiches'." „Kanntest du vielleicht die Urgemeinde in Rom?", wollte ich wissen. „Ja, denen habe ich gedient, bis sie verfolgt und umgebracht wurden", antwortete Steve. Ich dachte darüber nach, dass dieser Engel schon viel gesehen haben musste. So fragte ich weiter: „Wie kamst du nach Rom?" „Zuerst habe ich einen der Apostel nach Rom begleitet. Als dieser hingerichtet wurde, diente ich weiter den ersten Christen in Rom und Umgebung."

„Wann genau kamst du zum ersten Mal auf die Erde?", fragte ich weiter. „Ich wurde vom Himmel bei der Geburt von Jesus Christus zu den Hirten geschickt (vgl. Lk 2,8-14). Viele von uns Engeln sind wieder durch das Portal in den Himmel zurückgekehrt, jedoch nicht alle. Ich war einer von denen, die geblieben sind, da ich einen Auftrag zu erfüllen hatte." Das erinnerte ich mich an das Buch „Gott auf Erden"[11] von Rick Joyner, das ich gelesen hatte. Rick Joyner bekam in diesem Buch eine Vision, was sich in der unsichtbaren Welt parallel zu dem ereignete, was uns in den Evangelien überliefert ist. In einer Szene beauftragt Jesus einen Engel, einem seiner Nachfolger nicht mehr

[11] Rick Joyner, „Gott auf Erden", Schleife Verlag, 2008.

von der Seite zu weichen. Daraufhin fragte ich Steve: „Wurdest du von Jesus einem seiner Jünger zur Seite gestellt?" „Ja", antwortete er, „ich wurde dem späteren Apostel Petrus zur Seite gestellt."

Ich war wie elektrisiert, mit einem Engel sprechen zu dürfen, der seit der Zeit auf der Erde war, als Jesus geboren worden war und wirkte. Das Problem, welche Fragen ich denn dem Engel stellen könnte, hatte sich spontan in Luft aufgelöst. „Könnt ihr Engel Gottes meine Gedanken lesen?", fragte ich Steve. „Nein, genauso wenig wie Dämonen das können. Nur Gott allein kann das. Allerdings kann ich starke Emotionen von Menschen erkennen, was durchaus auch die Dämonen vermögen. Bei starken Emotionen, wie zum Beispiel Furcht und Angst, verändert sich deine Lichtfrequenz, die du in der unsichtbaren Welt ausstrahlst. Das Licht, dass dann von dir ausgeht, ist einem glimmenden Docht (vgl. Mt 11,20) vergleichbar, also sehr wenig strahlend."

„Wie war das, als Petrus auf dem Wasser ging?", sprudelte es aus mir spontan heraus. „Ich habe ihn gehalten", erwiderte Steve. „Wie schon gesagt, können wir Engel keine Gedanken von Menschen lesen, aber seine starken Emotionen bekam ich mit. Als Petrus es angesichts der hohen Wellen mit der Angst zu tun bekam, habe ich ihn langsam sinken lassen." „Und Jesus?", fragte ich weiter. „Jesus ging in der Kraft des Heiligen Geistes auf dem Wasser. Da er alle seine Göttlichkeit im Himmel gelassen hatte (vgl. Phil 2,7-8), war ihm das als Mensch an sich nicht möglich. Er sank nur deshalb nicht, weil der Vater es ihm so gesagt hatte und er vollständig auf die Kraft des Heiligen Geistes vertraute."

„Bist du ein Träger der Herrlichkeit Gottes?", fragte ich weiter. „Ja, aus deiner Sicht. Ich bin mehrdimensional. Während ich gerade mit dir gehe und spreche, stehe ich gleichzeitig vor dem ewigen Thron Gottes und spiegele dadurch seine Herrlichkeit wider. Deswegen übertrage ich die Herrlichkeit Gottes und kann sie ausstrahlen. Es ist Gottes Herrlichkeit und nicht meine eigene. Satan und seine Dämonen haben diese Herrlichkeit komplett verloren, als sie gegen Gott rebellierten. Sie können nicht mehr vor Gottes ewigem Thron stehen. Wenn Satan sich als Engel des Lichts verstellt, ist das ein Trugbild und hat nichts mit der Herrlichkeit Gottes zu tun. Allerdings musst du eng mit Jesus verbunden sein, um diese Täuschung zu erkennen. Nur durch die ihnen entgegengebrachte Anbetung der Menschen können Satan und seine Dämonen diese Täuschung aufrechthalten."

Und so ging der Dialog weiter und weiter. Es blieb allerdings noch das Rätsel offen, warum ich für die gleiche Strecke auf dem Hinweg mit dem Engel zwei Stunden gebraucht hatte und zurück bei gleichen Bedingungen nur eine Stunde. Irgendwie schien die Zeit in der Gegenwart des Engels anders als gewohnt zu verlaufen. Ein paar Wochen später beantwortete mir Jesus dann meine Fragezeichen.

Jetzt wollte ich unbedingt noch wissen: „Jesus, ist es in Ordnung, wenn ich mit Engeln und Personen aus der Wolke der Zeugen rede? In der Kirche wird ja vielfach davor gewarnt. Wir Menschen wären zu leicht zu verführen, das würde unsere Beziehung von Gott auf Engel verschieben usw." Jesus antwortete mir: „Wenn du nahe bei mir bleibst, kannst du nicht vom Feind verführt werden (vgl. auch Mt 7,7-11). Dann bist du auch davor geschützt, sie anzubeten. Im Gegenteil, wenn du mit Engeln und Personen aus der Wolke der Zeugen redest, vertieft sich deine Beziehung zu mir. Sie sind nicht allwissend wie ich, aber sie können dir aus ihrer Sicht Zeugnis geben, was sie mit Gott erlebt haben. In der Bibel sind nur die ‚Highlights' aufgeschrieben. Ein ganzes Leben umfasst jedoch viel mehr als nur das, was in der Bibel überliefert ist. Doch beachte folgende Bibelstelle:

> *Auch füllt man nicht neuen Wein in alte Schläuche; sonst zerreißen die Schläuche, und der Wein wird verschüttet, und die Schläuche verderben; sondern man füllt neuen Wein in neue Schläuche, und beide bleiben zusammen erhalten* (Mt 9,17).

Der neue Wein besteht für dich unter anderem in Gesprächen mit Engeln und Personen aus der Wolke der Zeugen. Deine Erfahrungen davor waren nicht schlecht, sondern führten dich an diesen Punkt. Doch um in das „Neue" eintreten zu können, musst du das „Alte“ hinter dir lassen. Aus dem „Alten“ zu leben, mit seinen alten Denkweisen, dem Festhalten an vergangenen Erfahrungen, lässt dich mehr und mehr absterben. Auch muss ich dich zu einem neuen Schlauch formen (transformieren), sonst kannst du das „Neue“ nicht aufnehmen. Dein Hunger und deine Bedürftigkeit waren groß genug, sodass du dich gegen alle Widerstände auf den Weg mit mir zusammen gemacht hast.“

„Kannst du mir noch etwas über das seltsame Zeitphänomen sagen“, fragte ich Jesus, „als ich mich mit dem Engel auf der Nordseeinsel Terschelling unterhalten habe?“ „Die Zeitverzerrung kam daher“, erklärte mir Jesus, „dass du sowohl in der sichtbaren als auch in der unsichtbaren Welt mit dem Engel spazieren gingst. In der sichtbaren Welt bist du Menschen begegnet, hast sie gegrüßt und sie haben dich zurückgegrüßt. In der unsichtbaren Welt hast du mit dem Engel geredet. Das lief parallel ab. Du warst gleichzeitig in beiden Dimensionen. Ich habe die unsichtbare Welt für dich genauso aussehen lassen wie die sichtbare. Deshalb konntest du keinen Unterschied zwischen beiden Welten wahrnehmen. Da du in beiden Dimensionen unterwegs warst, hat sich die Zeit für dich gedehnt.“

„Wieso hast du beide Seiten gleich aussehen lassen, Jesus?“ „Es ist für Menschen ‚gefährlich‘, mit Körper, Seele und Geist (also als komplette Existenz) in der unsichtbaren Welt zu sein. Henoch (vgl. 1 Mo 5,24) war dort und Elia (vgl. 1 Kön 11-18) auf dem Berg Horeb ebenfalls. Da sie nicht mehr zurückwollten, musste ich sie dann zu mir nehmen, wobei Elia ziemlich spektakulär mit einem feurigen Wagen (vgl. 2 Kön 2,11) abgeholt wurde. Du hast aber noch eine Aufgabe in dieser, der sichtbaren Dimension. Sonst würde deine Sehnsucht, komplett in die himmlische Dimension zu gehen, überhandnehmen und du wärst auf Erden zu nichts mehr zu gebrauchen.“

Kapitel 2

Vor dem Berg Zion

... sondern ihr seid gekommen zum Berg Zion und zur Stadt des lebendigen Gottes, dem himmlischen Jerusalem; und zu Myriaden von Engeln, einer Festversammlung; und zu der Gemeinde der Erstgeborenen, die in den Himmeln angeschrieben sind; und zu Gott, dem Richter aller; und zu den Geistern der vollendeten Gerechten; und zu Jesus, dem Mittler eines neuen Bundes; und zum Blut der Besprengung, das besser redet als das Blut Abels.

Hebräer 12,22

Schon vorher hatte mir Gott Folgendes klargemacht: Damit das „... sondern ihr seid gekommen ..." eine Realität wird, muss man zum Beispiel wie der Berg Zion *werden*. Es geht also nicht nur darum, etwas darüber zu wissen, sondern verwandelt zu werden. Ohne kompatibel zu sein, kannst du nicht an diesen Ort kommen; du musst ihm gleich werden. Wie das geschieht, das ist ein Geheimnis Gottes, aber geistgewirkte Visionen und Offenbarungen sind Mittel, die Gott häufig dafür verwendet. Folgende Vision vom Berg Zion begann im Februar 2019 während einer Lobpreiszeit:

> Ich hörte bei der Lobpreis- und Anbetungs-Session in mich hinein und fragte den „kleinen Markus" in meinem Herzen, ob er mit mir Gott anbeten möchte. „Klar, das machen wir", sagte dieser und sofort betete er: „Großer, allmächtiger Gott." In einer Endlosschleife betete ich zusammen mit dem „kleinen Markus" „Großer, allmächtiger Gott" – immer und immer

wieder. Dabei merkte ich, wie dadurch die Kraft und die Gegenwart Gottes mehr und mehr zunahmen.

Einige Minuten später befand ich mich in einer Vision zusammen mit dem „kleinen Markus" plötzlich vor dem Berg Zion. Ich wusste in meinem Herzen, dass dies der Berg Zion war, obwohl ich ihn vorher noch nie gesehen und auch keine Vorstellung davon gehabt hatte. Der Berg war sehr hoch und an der Stelle, an der wir standen, sah er aus, als wäre er aus purem Gold. An anderen Stellen sah es so aus, als würde der Berg aus Silber bestehen, an wieder anderer als bestünde er aus verschiedenen Edelsteinen (vgl. auch Offb 21,18-22). Ich schaute mich weiter um, und da bemerkte ich meinen Lieblingsengel „Steve" hinter mir. Der blickte mich freundlich lächelnd an. Ich kannte ihn ja von dieser Begegnung von vor ein paar Jahren auf der Nordseeinsel Terschelling in Holland, als ich mit ihm „spazieren gegangen" war – damals halb in seiner Dimension und halb in meiner Dimension. Darüber sprach ich bereits im ersten Kapitel.

Der Engel gab mir mit einer Geste zu verstehen, ich solle zur Spitze des Berges hinaufblicken. Dort sah ich den Regierungsthron Gottes. Der Thron leuchtete mit einem hellen Licht. Dieses Licht war wie materialisiert, sodass das Licht eine feste Struktur bildete. Jesus erklärte mir später, dass analog zu Wasser, das gasförmig, flüssig oder fest sein kann, dies auch bei Licht möglich ist. Flüssiges Licht hatte ich schon gesehen, festes bzw. materialisiertes Licht jedoch noch nicht. Dieser Licht-Thron wurde nur noch von Gott selber überstrahlt, der noch viel heller leuchtete. Dieses Licht blendete mich, sodass ich Gott nicht lange in seiner Herrlichkeit anblicken konnte. Der Engel, der jetzt neben mir stand, sagte: „Es braucht eine Zeit der Anpassung für dich, damit du mehr von Gottes Herrlichkeit aushalten kannst." Der „kleine Markus" war vielleicht schon öfters hier gewesen, denn er hatte eine coole Sonnenbrille auf.

„Komm höher auf den Berg“

Da hörte ich die Stimme Gottes zu mir sprechen: „Komm etwas höher hinauf auf den Berg.“ Ich schaute auf den golden leuchtenden Felsen vor mir und fragte mich, wie das wohl gehen könne. Ich bin weder Bergsteiger noch hatte ich eine Kletterausrüstung dabei. So fragte ich also mit einem Schulterzucken den Engel Steve neben mir: „Wie geht denn das, wie kann ich höher hinaufkommen?“ Der Engel antwortete mir: „Tue den ersten Schritt nach oben, dann geht es weiter!“

Ich tat so, als würde ich die erste Stufe einer Treppe hochsteigen. Da veränderte sich der Berg an der Stelle, wo ich war, und es entstanden Treppenstufen vor mir. Der Berg war offensichtlich lebendig; er konnte sich anpassen. Was für eine Überraschung! Der Engel und ich nahmen den „kleinen Markus“ zwischen uns in unsere Mitte. Wir stiegen höher, und der „kleine Markus“ hüpfte, sich an unseren Armen haltend, von Stufe zu Stufe. Als wir einige Meter höher waren, entstand vor uns eine kleine Ebene, auf der wir rasteten. Von dort aus konnte ich mich besser umblicken. Erst jetzt konnte ich andere Menschen und viele Engel sehen. Ich dachte bei mir: Die Engel haben es besser als wir Menschen, die können hochschweben und müssen nicht klettern.

Der Engel erklärte mir noch Folgendes dazu: „Du hattest Jesus als die Personifikation der LIEBE darum gebeten, in deinem Herzen eine Entsprechung des Paradieses, des Berges Zion und des himmlischen Jerusalems zu formen. In deinem Herzen ist dies jetzt am Entstehen. Dadurch, dass ein Teil deines Herzens schon wie der Berg Zion geworden ist, kannst du jederzeit hierherkommen. Je öfters du kommst, desto höher kannst du auf den Berg steigen und desto mehr Details davon wahrnehmen. Der Berg und die Herrlichkeit verwandeln dich weiter, und das nicht nur in deinem Herzen. Dadurch kannst du höher und höher steigen und klarer sehen.“

Feuer und Wasser

Etwa eine Woche später ging die Vision vom Berg Zion weiter. Ich befand mich wieder auf der kleinen Ebene, genau da, wo die Vision geendet hatte. Allerdings war ich diesmal nicht in Begleitung des „kleinen Markus" oder meines Lieblingsengels Steve, sondern allein. Ich drehte mich wieder zu dem Berg um und dachte mir, was beim ersten Mal funktioniert hat, funktioniert vielleicht auch dieses Mal wieder. Als ich den ersten Schritt machte, verwandelte sich der Berg tatsächlich ein zweites Mal. Allerdings entstanden diesmal keine Treppenstufen, sondern ein ansteigender Pfad, der mich rechts um den Berg herumführte, zumindest tat er das so weit, wie ich es aus meiner Perspektive erkennen konnte. Ich machte mich also auf den Weg.

Als ich den Berg halb umrundet hatte, stand ich plötzlich vor einer Feuerwand. Es fühlte und hörte sich sehr heiß an, wie knisternde Flammen. Ich kam wir vor wie Daniel Jackson in der Fernseh-Serie „Stargate Kommando SG1 (Die Suche – The Quest / Staffel 10)" als er mehrere Rätsel lösen musste, um weiterzukommen. Als letzte und alles entscheidende Prüfung in dieser Episode stand er wie ich vor einer Feuerwand, durch die er gehen musste. Dazu musste er allen Mut aufbringen, um durchzugehen.

Ich hoffte, dass dies wie das Feuer des brennenden Dornbuschs (vgl. 2 Mo 3,2) wäre, das brannte, aber den Dornbusch nicht verbrannte. Keine Ahnung woher ich den Mut nahm, jedenfalls ging ich durch die Feuerwand hindurch. Dieses Feuer allerdings war keine Illusion wie im Film, sondern wirklich das Feuer aus 2. Mose 3,2. Ich war komplett in Feuer getaucht. Alles brannte in mir bis hinunter auf die Zellebene, verbrannte mich jedoch nicht.

Es fühlte sich sehr heiß an, jedoch empfand ich keine Schmerzen. Vielleicht haben sich Schadrach, Meschach und Abed-Nego bei ihrer Feuertaufe auch so gefühlt, als sie von Nebukadnezar in den Feuerofen geworfen wurden (vgl. Dan 3,19). Als ich nach einer gefühlten Ewigkeit endlich durch diese Feuerwand hindurch und etwas höher hinaufgestiegen war, konnte ich erkennen, dass dieses Feuer eigentlich ein Feuerring war, der komplett um den

Berg herum brannte. Ich blickte fasziniert auf diese seltsame Feuerstruktur. Es sah so aus, als bestünde der Berg an dieser Stelle nur aus Feuer. Wieder einmal fehlte meinem Verstand dafür jegliche Referenz aus der physischen Welt.

Als ich dann den Berg einmal komplett umrundet hatte, endete der Pfad. Vor mir tauchte ein großer Wasserfall auf, der von weiter oben herabkam. Einen weiteren Weg konnte ich nicht erkennen. Es befand sich hier auch keine Ebene, auf der sich das Wasser hätte sammeln können, sodass ein kleiner See entstanden wäre, den ich zumindest hätte durchschwimmen können. Die Wassermassen endeten scheinbar in dem Ring aus Feuer, verdampften aber nicht. Es war, als würden sie durch das Feuer hindurchschießen. Als ich eine Weile so dastand und nicht wusste, wie es weitergehen sollte, kam mir erneut der Gedanke in den Sinn, ich könne jemanden danach fragen.

Ich rief also: „Hallo, wie geht es hier weiter?" Vielleicht würde ja mein Lieblingsengel wieder zu mir kommen und mir helfen. Stattdessen aber nahm ich auf einmal Jesus neben mir wahr. „Kannst du mir sagen, wie es weitergeht, oder ist das auch so ein Rätsel, das ich lösen muss?", fragte ich ihn. „Ich begleite dich schon seit du am Fuße des Berges warst", sagte Jesus. „Du kannst mich nicht immer an deiner Seite wahrnehmen, ich bin jedoch immer bei dir. Übrigens bist du schon auf dem Berg Zion gewesen. Jetzt bist du soweit, dass ich dir das zeigen kann. Was du als Veränderung des Berges wahrnimmst, sind in Wirklichkeit die Schleier, die ich von deinen Augen wegnehme.

Weil du schon hier gewesen bist, kannst du jetzt diese Vision empfangen. Du musst mit Feuer und Wasser getauft werden (vgl. Lk 3,16 und Joh 3,5), damit du weitergehen kannst. Du nimmst hier die Feuerwand und den Wasserfall wahr, weil du schon mit dem Heiligen Geist getauft bist, sonst könntest du diese Vision nicht empfangen. Die Gabe des Sprachengebetes, die der Heilige Geist dir geschenkt hat, war nur der erste winzige Schritt in die Dimension des Heiligen Geistes hinein. Viele weitere Schritte und Gaben sind darauf gefolgt und viele werden noch folgen, sodass die Fülle des Geistes mehr und mehr Realität in deinem Leben wird.

Momentan siehst du diese Vision in deinem Geist, jedoch betrifft die Feuer- und die Wassertaufe deine komplette Existenz – Körper, Seele und Geist. Es ist immer deine ganze Existenz beteiligt – in allen Dimensionen. Halte nun einmal deine Hand in das Wasser des Berges und trinke davon." Ich tat, wie Jesus mir aufgetragen hatte und trank von dem Wasser. Da verwandelte sich das Wasser vor mir in leuchtendes, lebendiges Wasser.

Weiter sagte Jesus: „Nicht das Wasser hat sich verwandelt, sondern du hast dich durch den Kontakt mit dem lebendigen Wasser verändert. Nun kannst du das Wasser des Berges erkennen und das lebendige Wasser des Berges erkennt dich. Genauso verhält es sich mit dem Feuer; auch dieses ist lebendig. Du brauchst beides, Feuer und Wasser. Wenn du durch das Feuer und den Vorhang aus lebendigem Wasser in den Berg hineingehst, bist du nicht mehr lauwarm, sondern heiß und kalt zugleich (vgl. Offb 3, 15-16). Auch löscht das Wasser das Feuer in dir nicht aus, sondern beide gehören zusammen. So gehe nun weiter durch das Wasser hindurch, sodass dieser Teil des Aufstiegs vollendet werden kann."

So ging ich durch die Wasserwand in den Berg hinein. Analog zu der Feuerwand durchflutete mich das lebendige Wasser bis hinunter auf die Zellebene. Danach war ich zugleich lebendiges Feuer und Wasser, so wie Jesus es gesagt hatte. So verwandelt ging ich weiter.

Die Halle der Gerechtigkeit

Zuerst stand ich im Innern des Berges im Dunkeln. Der Kontrast zu der Herrlichkeit draußen und dem wenigen Licht hier drinnen war stark. Meine Augen mussten sich erst anpassen, damit ich wieder etwas sehen konnte. Vor mir befand sich ein leicht ansteigender Gang, dessen Wände leuchteten. Dieses Leuchten an den Wänden war nicht gleichförmig, sondern veränderte sich unentwegt, unterschiedliche Farben leuchteten an verschiedenen Stellen auf. Anscheinend folgte dieser Gang dem Äußeren des Berges im Inneren, jedenfalls konnte ich wegen der Krümmung kein Ende sehen. Ich ging also weiter, bis der Gang im

Felsen zu enden schien. Dumm gelaufen, dachte ich bei mir, hoffentlich ist das keine Sackgasse?

Nachdem ich eine Zeitlang ratlos dagestanden hatte, beschloss ich, zurückzugehen. Beim Umdrehen bemerkte ich jedoch an der inneren Wand des Berges, dass ein Abschnitt nicht so leuchtete wie die andere Umgebung. Vielleicht ein versteckter Durchgang? Von der Größe des Abschnitts her konnte es passen. Ich entdeckte aber keine verborgene Öffnungsmöglichkeit, so sehr ich mich beim Suchen auch anstrengte, indem ich die Wand abtastete. Da kam mir der Gedanke, vielleicht müsste ich, wie am Fuße des Berges, einen Schritt weitergehen, so, als wäre es nicht eine Wand, sondern ein Durchgang.

Entgegen den aufkommenden Zweifeln tat ich es und konnte tatsächlich durch die „Wand" hindurchgehen. Nun stand ich in einer großen, runden Halle. Ich ging bis in die Mitte des Raumes und blickte mich um. Dabei sah ich, dass sich an drei der vier Wände Türen mit unterschiedlichen Maßen befanden, bis hin zu großen und mächtigen Toren. Jedoch waren sie alle verschlossen bzw. verriegelt, bis auf die, durch die ich gekommen war.

An der vierten Wand konnte ich drei riesige Freitreppen erkennen, die offensichtlich auf andere Ebenen weiter nach oben führten. Über der linken Freitreppe stand in mehreren Sprachen „Parlament Gottes", bei der mittleren „Rat des Herrn" und über der rechten „Rat der Richter" in großen, golden leuchtenden Buchstaben geschrieben. Allerdings waren vor allen Freitreppen goldene Absperrseile gespannt. Einfach darüberzusteigen, erschien mir keine gute Idee zu sein. Ich wusste intuitiv, dass es einer Einladung von Gott, dem obersten Richter, und der Begleitung eines Engels bedurfte, um durch die Absperrung weiterzugehen.

Alles strahlte eine majestätische Würde aus. Außer mir waren weder Engel noch Menschen zu sehen. Vielleicht ist dieser Ort nicht sehr frequentiert, dachte ich bei mir. Nach einer Weile ratlosen Umherblickens, wohin die Türen bzw. die Treppen denn führen, beschloss ich, wiederum laut zu fragen. Vielleicht würde ja wieder Jesus oder ein Engel auftauchen und helfen. Also rief ich: „Wo bin ich? Was sind das für Türen bzw. Treppen?"

Ich erschrak ein wenig, als eine tief klingende Stimme hinter mir antwortete: „Du bist in der Halle der Gerechtigkeit." Ich drehte mich um und sah einen majestätischen Engel, bekleidet mit einer langen, dunkelblauen Robe. Keine Ahnung, wie ich darauf kam, aber ich wusste, dass der Engel vor mir die Gerechtigkeit dieses Raumes verkörperte. Entsprechend würdevoll war sein Gesichtsausdruck. „Bist du ein Gerichtsengel?", fragte ich ihn. „Ja", antwortete er, „ich bin ein Engel des himmlischen Gerichtshofes. Wir haben uns auch schon einmal getroffen. Du nanntest mich seinerzeit ‚Gideons Wächterengel'. Dank deines Gebets hat Gott, der oberste Richter, mich ‚befördert', sodass ich nun einen ständigen Sitz im Rat der Richter habe."

„Gern geschehen", erwiderte ich verdutzt. „Ich war mir nicht bewusst, dass meine Gebete solche Auswirkungen haben könnten. Ursprünglich hatte ich den obersten Richter nach der Ratsversammlung der Richter gefragt, um mehr Informationen darüber zu bekommen. „Ist das in Ordnung, dass ich dich ‚Gideons Wächterengel' nannte?", fragte ich den Engel. „Du hattest mir den Namen nach meiner ursprünglichen Funktion gegeben", erklärte mir der Engel. „Das ist in Ordnung, obwohl der Name, den Gott mir gegeben hat, ein anderer ist." (Nach den Offenbarungen, die Gott mir gegeben hatte, gibt Gott die Originalnamen von Engeln nur in Ausnahmefällen preis. Siehe die in der Bibel mit Namen genannten Erzengel Gabriel und Michael, um damit zu verdeutlichen, dass die Menschen keine Verfügungsgewalt über Engel haben. Einem Engel einen Befehl zu geben, geht nur dann, wenn der HERR der Heerscharen dir eine entsprechende Anweisung gibt und du diese dann in seinem Namen und in seiner Autorität aussprichst.)

Ich folgte dem Engel zu einer der Türen und fragte: „Was nun? Die Türen sind alle verschlossen, die Treppen abgesperrt und ich habe keine Schlüssel dazu." „Berühre diese Türe mit deiner rechten Hand, lege sie flach darauf zur Aktivierung", forderte der Engel mich auf. Na gut, ich legte also meine rechte Handinnenfläche auf die Türe und war gespannt, ob sie sich öffnen würde. Das tat sie aber nicht und ich blickte den Engel fragend an. „Richte deinen Blick nach oben", gab mir der Engel zu verstehen. Ich blickte nach oben und erkannte, dass dort eine Schrift wie aus dem Nichts auftauchte, in verschiedenen Sprachen. Da auch meine Muttersprache dabei war, las ich laut vor: „Gerichtssaal der Barmherzigkeit und Gnade."

„Damit ist diese Türe nun nicht mehr verriegelt", erläuterte der Engel. „In diesem Gericht warst du früher schon tätig, daher erkennt dich die Türe und du kannst jederzeit wieder eintreten. Alles ist in dieser Dimension miteinander verbunden. Der Berg Zion ist im Inneren mit dem Gerichtshof des Himmels verbunden, auch mit dem Paradies und natürlich ebenfalls mit dem himmlischen Jerusalem und noch vielem mehr. Es gibt verschiedene Möglichkeiten, an diese Orte zu gelangen. Aber jetzt ist nicht die Zeit für eine Gerichtssitzung für dich gekommen, sondern du sollst die weiteren Türen berühren." So gingen wir zusammen weiter. Einige „Türen" erkannten mich, wie zum Beispiel der Gerichtssaal der Liebe, der Gerichtssaal für Familien- und Erbangelegenheiten usw.

Andere Türen reagierten nicht auf die Berührung mit meiner Hand. Auf meinen fragenden Blick hin sagte der Engel: „Es sind noch andere Berufene da, um diese Gerichtssäle zu aktivieren und die Türen dahin zu entriegeln. Die Verantwortung, dies zu tun, wurde auf viele Schultern verteilt. Bitte darum, dass du für die Berufenen, die – aus welchen Gründen auch immer – nicht hierherkommen, in deren Namen die Türen ebenfalls aktivieren kannst. Lege dafür beide Hände an die Tür, die linke Hand stellvertretend für die anderen und deine rechte Hand zum Aktivieren." Ich tat, wie der Engel es mir gesagt hatte, und so wurden die restlichen Türen aktiviert bzw. entriegelt und deren Beschriftung oberhalb wurde jeweils sichtbar.

„Was bedeutet es, wenn du sagst, dass diese Türen jetzt aktiviert sind und die Beschreibung des sich dahinter befindlichen Gerichtssaals oberhalb sichtbar wird?", fragte ich den Engel, der mir erklärte: „Jetzt können die Menschen auf der Suche nach Gerechtigkeit in diesen Gerichtssaal eintreten, sofern sie das Protokoll beachten. Vereinfacht gesagt, bedeutet das Protokoll, dass sie nur auf Grund dessen, was Jesus für sie getan hat und wegen seinem vergossenen Blut, eintreten können. Der Gerichtssaal der

Barmherzigkeit und Gnade ist für jeden Nachfolger Jesu offen, die anderen Gerichtssäle jedoch nur bei Bedarf und mit einer Einladung. Die aufleuchtende Beschreibung zeigt an, dass jetzt Informationen über diese Gerichtssäle und das, was in ihnen verhandelt wird, offenbart werden[1].“

Zuletzt kamen wir an ein prächtiges Tor. Ich zögerte etwas, doch der Engel gab mir zu verstehen, auch dieses Tor zu berühren. Dieses Tor erkannte mich offensichtlich, denn sofort erschien darüber in verschiedenen Sprachen die Schrift „Oberster Gerichtshof“ bzw. in Englisch „Supreme Court“. Der Engel sagte zu mir: „In diesem obersten Gerichtshof werden die Fälle von großer Tragweite verhandelt. Dein Fall wird noch dort verhandelt, und du fragst dich sicherlich, warum? Die wenigsten Menschen können abschätzen, welche Tragweite ihr Fall bzw. ihr Leben für den Himmel und die Erde hat. Aber es wird dir noch Zug um Zug offenbart werden.

Der oberste Richter lässt dir durch mich seinen Dank ausrichten. Dieser Gerichtshof wurde vom Vater schon vor Grundlegung der Welt eingerichtet. Nachdem Jesus sich nach seiner Auffahrt in den Himmel zur Rechten des Vaters gesetzt hat (vgl. Joh 9,39; Mt 19,28; Offb 20,4), ist er für euch als Nachfolger von Jesus Christus zugänglich. Teile des Gerichtshofes waren schon vorher aktiv, doch erst durch das stellvertretende Opfer Jesu und durch sein vergossenes Blut können sich nun die Menschen an den himmlischen Gerichtshof wenden, um Gerechtigkeit zu erlangen. Da der himmlische Gerichtshof Teil der Ewigkeit (Kairos-Zeit[2]) ist, wirkt sich diese Aktivierung auch auf die Vergangenheit

---

[1] Wer mehr über die Gerichtssäle des Himmels wissen möchte, es gibt auf der Webseite von Kingdom Life NOW e.V. (http://www.kingdomlifenow.de) viele gute Videos und Audios (Vorträge) von Beverley Watkins, Greg & Valerie Kurjata und Robert Henderson zu diesem Thema.

[2] **Kairos** (griechisch Καιρός) ist ein religiös-philosophischer Begriff für den günstigen Zeitpunkt einer Entscheidung, dessen ungenutztes Verstreichen nachteilig sein könnte (Quelle: Wikipedia; abgerufen am 29.04.2020). Im Textzusammenhang ist mit Kairos-Zeit an dieser Stelle Gottes Zeit aus Sicht der Ewigkeit gemeint.

(Chronos-Zeit[3]) aus. Dadurch wurde die Lehre über die himmlischen Gerichtssäle vermehrt auf Erden freigesetzt[4]." Ich gebe zu, dass die Sache mit der Ewigkeit in Bezug zu unserer vergänglichen Zeit meinen Verstand überfordert. Die Zeit anders als gewohnt linear zu verstehen, ist jedoch eine Herausforderung, der wir uns stellen müssen, wenn wir mit den himmlischen Dimensionen in Berührung kommen

Das Parlament Gottes

In einer weiteren Vision befand ich mich wieder in der Halle der Gerechtigkeit. „Gideons Wächterengel" wartete schon auf mich. „Wir begeben uns heute über die Freitreppe in das Parlament Gottes, das du dieses Mal näher kennenlernen sollst", meinte er zu mir. „Du hast bei deinem ersten Mal, in der Halle der Gerechtigkeit, richtig vermutet, dass du eine Einladung des obersten Richters dazu brauchst und zumindest am Anfang die Begleitung eines Engels des himmlischen Gerichtshofes benötigst, um dich zurechtzufinden." „Wer hat Zutritt in das Parlament Gottes?", wollte ich wissen. „Diejenigen Repräsentanten des Reiches Gottes, die Gott dazu beruft. Bevor sich Jesus nach seiner Himmelfahrt zur Rechten des Vaters gesetzt hat, waren es nur Engel, die Zutritt hatten, danach hat der Vater auch Menschen (Söhne und Töchter Gottes) an diesen Ort berufen.

Das wird jetzt eine Überraschung für dich sein: Auch Satan und die Mächte der Finsternis haben begrenzten Zutritt zu diesem Parlament, um ihre Argumente vorzubringen. Der Fall Hiob wurde an diesem Ort debattiert (vgl. Hi 1,6-12 und 2,1-6). Natürlich hat Gott als oberster Richter das letzte Wort." Mittlerweile waren wir über die Treppe vor dem großen, mächtigen Tor mit

---

[3] **Chronos** (griechisch Χρόνος *Zeit*) ist in der griechischen Mythologie die Personifizierung der Zeit ... Er versinnbildlicht den Ablauf der Zeit und auch die Lebenszeit (Quelle Wikipedia; abgerufen am 29.04.2020). Im Textzusammenhang ist mit Chronos-Zeit unsere Zeit auf der Erde gemeint.

[4] Ein paar Beispiele dazu: Robert Henderson, „Bestimmungen aus den Gerichtssälen des Himmels freisetzen" und „In den Gerichtssälen des Himmels wirken", Robert Henderson Ministries, 2016. Brigette Marx, „The Seven Heavenly Courts (Englisch)", Carl Roodnick & Anton FW Alberts, 2016.

der Inschrift „Parlament Gottes“ angelangt. Zwei weitere Wächterengel öffneten uns die Tore, sodass wir eintreten konnten. Es war gerade eine heftige Debatte im Gang, von der ich allerdings nichts verstand. Auf der rechten Seite, von Gottes Thron aus gesehen, befanden sich die Repräsentanten des Reiches Gottes, also Engel und Menschen und auf der linken Seite die Repräsentanten des Reiches Satans.

Beide Seiten waren leicht zu unterscheiden. Rechts war das Licht und links die Finsternis. Mir gegenüber, in einiger Entfernung, sah ich Gott, den obersten Richter, sitzen und neben ihm Jesus. „Was ist das für ein finsterer Tunnel auf der linken Seite?“, fragte ich „Gideons Wächterengel“. „Der passt so gar nicht rein in diesen herrlichen Raum.“ Der Engel erkläre mir: „Dieser finstere Tunnel ist ein Portal in die Hölle. Von dort, und nur von dort kommen die Repräsentanten Satans hierher. Der Berg Zion ist heilig und die Gerichtsgebäude darin ebenfalls. Sie können auf keinem anderen Weg als durch dieses Portal den Berg Zion betreten. Würden sie es dennoch tun, würden sie sofort verbrennen und im Feuersee landen.

Im Parlament Gottes sind sie nur geduldet, bis die letzte bzw. die endgültige Verhandlung stattfindet. In dieser wird die unterbrochene Verhandlung, die zur Kreuzigung von Jesus Christus führte, vor dem Sanhedrin in Jerusalem fortgesetzt. Dabei müssen sich die Mächte der Finsternis, der Hohepriester, die Pharisäer und Schriftgelehrten und die Römer für die Kreuzigung von Jesus Christus verantworten. Diese irdische Gerichtsverhandlung ist aus der Sicht der Ewigkeit nur unterbrochen worden; sie wird vom himmlischen Gericht fortgesetzt werden, um dann ein gerechtes Urteil zu sprechen. Anschließend wird das „jüngste Gericht“, beschrieben in Offenbarung 20, stattfinden. Doch lass dich nicht verwirren, aus der Sicht der Ewigkeit läuft dieses „jüngste Gericht“ schon.“

„Hat die Gesetzgebung Gottes am Sinai auch an diesem Ort ihren Ursprung?“, fragte ich weiter. „Ja, diese Gesetze wurden an diesem Ort debattiert, von Gott dann beschlossen und Jesus hat sie Mose auf dem Berg Sinai überreicht (vgl. 2 Mose 20)“, bestätigte mir der Engel. „Das Irdische ist immer nur ein Abbild des Himmlischen, wie auch das Zelt der Begegnung, die Stiftshütte. Das Original des Zeltes der Begegnung befindet sich an anderer Stelle ebenfalls auf dem Berg Zion. Jesus hat Mose die Stiftshütte damals nicht nur beschrieben, sondern ihm auch das Original gezeigt. Der Heilige Geist hat dann Bezalel und Oholiab erfüllt, damit sie das irdische Abbild nachbauen konnten (vgl. 2 Mo 35,20-35).

Im Gegensatz dazu können Satan und seine Mächte der Finsternis nur verdrehte und verdorbene Abbilder des Himmlischen als Kopien herstellen. So gibt es auch einen höllischen Gerichtshof, in dem es aber weder Gnade und Barmherzigkeit noch Gerechtigkeit gibt. Wenn sich im himmlischen Gerichtshof ein Vertreter der finsteren Mächte ungebührlich aufführt, wird er sofort hinausgeworfen.“ Mir fiel bei diesen Worten des Engels eine Begebenheit ein, deren Zeuge ich einmal geworden war: „Das habe ich einmal in einem Gerichtsprozess im himmlischen Gerichtshof gesehen. Dort haben sich einige der Dämonen, die vom obersten Richter vorgeladen wurden, sehr – ich drücke es mal vorsichtig aus – rüpelhaft und ungebührlich benommen. Ich dachte mir noch: *Haben die keinen Respekt vor Gott dem Richter?* Da traf sie auch schon ein Blitz vom Richterstuhl Gottes und vernichtete sie.“ „Ja“, nickte der Engel, „eine Missachtung des Gerichts hat fatale Folgen.“

Der Rat der Richter

„Doch nun werde ich dir noch den Rat der Richter zeigen“, setzte der Engel fort. Wir gingen dafür die große Freitreppe wieder hinunter in die Halle der Gerechtigkeit. Nun befand sich am Ende dieser Treppe kein goldenes Absperrseil mehr, sondern es standen dort zwei große Wächterengel vor der Treppe. „Durch die Einladung ins Parlament Gottes hat der Heilige Geist dir wieder ein paar Schleier abnehmen können. Dadurch kannst du jetzt mehr sehen. Diese Engel waren vorher schon da, du konntest sie nur nicht wahrnehmen“, erklärte mir der Engel. Ebenfalls sah ich jetzt einige Menschen und Engel, wie sie sich durch verschiedene Türen in die dahinter befindlichen Gerichtssäle begaben. Es ist doch weit mehr los, als ich zuerst wahrnehmen konnte, dachte ich bei mir.

So folgte ich nun „Gideons Wächterengel“ zu der rechten Freitreppe. Wiederum war kein goldenes Absperrseil mehr da, sondern ebenfalls zwei Wächterengel. Zu meiner Verwunderung begrüßten die uns freudig. „War ich vielleicht schon einmal im Rat der Richter?“, wandte ich mich fragend an meinen Begleitengel. „Ja“, erwiderte er, „du warst schon an diesem Ort, sogar mit mir zusammen. Dort erfolgte aufgrund deines Gebetes meine Beförderung vom obersten Richter, sodass ich nun im Rat der Richter einen ständigen Sitz habe.“ Davon hatte ich wohl wieder einmal nichts mitbekommen. Der Heilige Geist hat noch sehr viel Arbeit in mir vor sich, all die Schleier zu entfernen, sodass ich besser wahrnehme, was in dieser Dimension vor sich geht.

Wiederum öffneten uns zwei Engel das Tor zum Rat der Richter. Wie auch im Parlament Gottes saß Gott, der oberste Richter, am anderen Ende des Saals auf seinem Thron. Da er multidimensional und allgegenwärtig ist, kann er auf vielen Thronen gleichzeitig sitzen und richten. Mir fiel sofort auf, dass es an diesem Ort weniger laut zuging als im Parlament, obwohl ich auch hier nichts von dem verstand, was gerade geredet wurde. Die anderen Richter saßen an mehreren Tischen, links und rechts von uns und auf der Seite, auf der wir den Raum betreten hatten, also dem Thron gegenüber. Nicht alle Plätze waren besetzt. Vor den Richtern lagen jede Menge Schriftrollen, das sah nach viel „Arbeit“ aus.

Mein Begleitengel ging zu einem der Tische und setzte sich. Er forderte mich mit einer Geste auf, neben ihm Platz zu nehmen. „Darf ich dir auch Fragen stellen oder störe ich damit die Ratssitzung?“, flüsterte ich ihm leise zu. „Dafür sind wir hier, dass ich dir deine Fragen beantworte. Du störst keinesfalls und brauchst auch nicht zu flüstern. Die Ratssitzung findet in einer anderen Dimension statt. Du bist im Moment gemeinsam mit mir als Beobachter an diesem Ort. Du siehst zwar alles, kannst aber nicht direkt teilnehmen. Das erkennst du daran, dass du zwar alles sehen kannst, jedoch nichts von dem verstehst, was gerade geredet wird.“

„Wer hat Zugang zum Rat der Richter? Wer sind alle diese Engel und Personen?", war meine erste Frage. Der Engel erkläre mir: „Wenn Gott einen Richter beruft, hat er automatisch einen Sitz im Rat der Richter, sonst könnte er seine Richtertätigkeit nicht ausführen. Gideon zum Beispiel hat im Rat einen ständigen Sitz. Als er auf der Erde gelebt hat, habe ich ihn hier vertreten. Ich war auf Erden an seiner Seite und gleichzeitig hier oben im Rat der Richter präsent. Als er starb, nahm er diesen Platz persönlich ein und ich bekam andere Aufgaben zugeteilt. Je nachdem, was aktuell beraten wird, lädt Gott Gideon oder auch andere Richter ein. Deswegen sind im Rat nicht alle Plätze besetzt. Ansonsten beruft Gott nach Bedarf auch Apostel, Älteste und Könige in den Rat der Richter. Die Apostel Petrus und Paulus hat Gott ebenfalls als Richter in diesen Rat berufen. Der Fall Hananias und Saphira (vgl. Apg 5,1-11) wurde im Rat der Richter besprochen."

Ich erinnerte mich, dazu von Jesus schon Antworten erhalten zu haben, die ich hier zum besseren Verständnis einfügen möchte. Damals sprach ich nicht mit dem Engel, sondern mit Jesus und fragte ihn: „Jesus, hat diese Geschichte aus Apostelgeschichte 5 von Hananias und Saphira etwas mit dem himmlischen Gerichtshof zu tun?" „Ja", antwortete mir Jesus, „dieser Fall wurde im Rat der Richter behandelt. Ich hatte Petrus in den Rat der Richter berufen. Nachdem der Fall beraten worden war, hat Petrus mein Gerichtsurteil verkündet. Ein Exekutiv-Engel des himmlischen Gerichtshofes hat dann das Gerichtsurteil sofort an Hananias und Saphira vollstreckt." „Darf ich wissen, wie dieses Gerichtsurteil zustande gekommen ist?", fragte ich Jesus.

„Hananias hatte der Versuchung Satans nachgegeben und wollte sich besser vor den anderen Brüdern und Schwestern darstellen. Das erfüllte den Tatbestand der Lüge und Heuchelei. Saphira war damit einverstanden und hatte sich dadurch ebenfalls unter das Urteil gebracht. Hätte ich nicht für Gerechtigkeit gesorgt, wäre es Satan aufgrund dieses Präzedenzfalles möglich gewesen, einen Fuß in die Türe der gerade neu entstehenden

Ekklesia[5]) zu setzen. Ein wenig Sauerteig durchsäuert den ganzen Teig (vgl. 1 Kor 5,6). Hätte Petrus nicht eingegriffen, wäre es Satan möglich gewesen, ihm zu widerstehen, als er das Evangelium durch die Begegnung mit dem römischen Hauptmann Kornelius zu den Heiden brachte (wie in Apostelgeschichte 10 beschrieben). Du siehst, eine kleine Ursache – ein bisschen Sauerteig – hätte eine massive Auswirkung gehabt. Aufgrund der enormen Tragweite wurde dieser Fall im Rat der Richter beraten."

Soweit die Antworten von Jesus zum Fall Hananias und Saphira. Weiter erklärte mir „Gideons Wächterengel": „Auch Paulus hatte eine Berufung in den Rat der Richter erhalten. Du kannst dies unter anderem an 1. Timotheus 1,18-20 sehen, als er das Urteil, das im Rat der Richter beraten wurde, an Hymenäus und Alexander vollzog. Er übergab sie dem Satan, damit sie zurechtgewiesen würden, nicht zu lästern. Um im Rat der Richter als Mensch mitwirken zu können, muss der Heilige Geist diese Person ausbalancieren zwischen Gnade und Gerechtigkeit. Ohne Gottes Hilfe ist dies für euch Menschen nicht möglich."

„Wofür sind die vielen Schriftstücke bzw. Schriftrollen da?", fragte ich den Engel als Nächstes. „Das sind Urteile vom himmlischen Gerichtshof, bei denen beantragt wurde, sie in das ‚Gerichtsarchiv der Präzedenzfälle' aufzunehmen. Im Rat der Richter wird beraten, ob es sich tatsächlich um Präzedenzfälle handelt. Wenn ja, wird der Fall dann vom obersten Richter unterzeichnet und in das spezielle Archiv aufgenommen. Im Falle etwa eines von Satan oder seinen Advokaten verklagten Nachfolgers Jesu Christi können diese Präzedenzfälle herangezogen

---

[5] Die **Ekklesia** (altgriechisch ἐκκλησία ekklēsía, lateinisch *ecclesia* die ‚Herausgerufene'), ist nach neutestamentlichem Sprachgebrauch die Gemeinschaft derer, die von Jesus Christus durch das Evangelium aus der Welt herausgerufen wurden, sich um ihn versammeln im Gottesdienst (λειτουργία leiturgía) und von ihm zum Glaubenszeugnis (μαρτυρία martyría) und Dienst der Liebe (διακονία diakonía ‚Dienst', von διάκονος diákonos ‚Diener') gesandt zu werden (Quelle Wikipedia; abgerufen am 29.04.2020, Stichwort Ekklesiologie").
Die **Ekklesia** (altgriechisch ἐκκλησία ekklēsía) war eine Volksversammlung in den Städten (poleis) des antiken Griechenlands. Ihre Zusammensetzung und politischen Befugnisse waren in den Städten unterschiedlich ausgestaltet (Quelle Wikipedia; abgerufen am 29.04.2020).

werden. Dies kann dann die Verhandlung beschleunigen beziehungsweise die Urteilsfindung vereinfachen.

Den Präzedenzfall des stellvertretenden Todes von Jesus Christus und das Zeugnis seines vergossenen Blutes zum Beispiel braucht ihr Menschen, wenn ihr in den himmlischen Gerichtshof kommen wollt, bei *jedem* Gerichtsverfahren. Ohne diesen Präzedenzfall könntet ihr kein Gerichtsverfahren gegen den Verkläger (vgl. Offb 12,10) der Brüder (und Schwestern) gewinnen. Sonst müsstet ihr mit eurer eigenen Gerechtigkeit argumentieren, was niemals funktionieren würde (vgl. Röm 3,10-19). Soweit meine Erklärungen dazu. Du hast noch einen Termin im Rat des HERRN", beendete der Engel das Gespräch.

Der Rat des HERRN

Wir verließen den Rat der Richter und ich bedankte mich ganz herzlich bei „Gideons Wächterengel" für seine vielfältigen Erklärungen und dass er mich überallhin begleitet hatte. So gelangten wir schließlich zur mittleren Freitreppe, die zum „Rat des HERRN" führt.[6] Vor dieser Treppe war noch das goldene Absperrseil gespannt. „Warte bis du abgeholt wirst, dorthin kann ich dich nicht begleiten", verabschiedete sich „Gideons Wächterengel" von mir. So stand ich vor dem Absperrseil und harrte auf den Herrn, getreu nach Psalm 131,3, und hoffte, dass es nicht eine Ewigkeit dauern würde. Ich weiß nicht mehr, wie lange ich da schon stand, als ich Jesus neben mir bemerkte.

„Schön, dass du auf mich gewartet hast, Markus", sagte er. „Vielen entgeht vieles vom Himmel, weil sie alles sofort haben wollen und nicht darauf warten können. Um in den ‚Rat des HERRN', also *meinen* Rat zu gelangen, brauchst du eine persönliche Einladung von mir. In diesen Rat lade ich nur meine Freunde ein. Aber natürlich brauchst du Geduld, wie du ja schon mitbekommen hast. Herzlich willkommen!" Mit diesen Worten entfernte Jesus das goldenen Absperrseil und bot mir seine

[6] In der Heiligen Schrift wird er auch „Ratschluss des HERRN" genannt. Beispiele finden sich in Psalm 33,11, Sprüche 19,21 und Daniel 4,21.

Hand an, um mich die Treppe hochzuführen. Wie schön! Ich ergriff seine Hand und bedankte mich für diese außergewöhnliche Einladung.

Diese Treppe hatte gefühlt drei Mal mehr Stufen als die anderen beiden Treppen, doch an Jesu Hand kostete das Treppensteigen keine Kraft. Als wir am Ende der Stufen ankamen, war da kein weiteres Tor, sondern zu meiner Überraschung traten wir auf eine große Ebene auf dem Berg Zion hinaus. Von dieser Position aus gab es eine herrliche Aussicht auf das Land unter uns. Es standen einige runde Tische und Stühle auf dieser Ebene. „Wo sind wir hier, Jesus?", fragte ich. „Der Berg schaut noch wie der Berg Zion aus, doch die wunderschöne Landschaft unter uns habe ich weder am Fuße des Berges noch auf einer anderen Ebene gesehen."

„Das ist das gelobte Land", meinte Jesus zu mir, „das Land, in dem Milch und Honig fließen. Das ist das himmlische Original des Landes Kanaan, das ich Abraham versprochen hatte. Je nachdem, über was ich mit meinen Freunden an diesem Ort rede, kann dieser sich auch in ein prächtiges Schloss, eine gewaltige Säulenhalle und vieles andere mehr verwandeln. Doch nun nimm neben mir Platz an diesem runden Tisch vor uns."

Wir setzten uns und genossen erst einmal eine Zeitlang den herrlichen Ausblick. „War Abraham auch an dieser Stelle?", fragte ich Jesus nach einiger Zeit. „Ja, Abraham war an diesem Ort, als ich ihm das verheißene Land gezeigt habe. Der ‚Rat des HERRN' kann auch auf der Erde stattfinden. Ich besuchte Abraham zusammen mit zwei Gerichtsengeln in Mamre, um mit ihm über Sodom und Gomorra zu reden (vgl. 1 Mo 18,16-31). Wie sollte ich meinen Freunden verbergen, was ich tun würde? (Vgl. auch Amos 3,7: ***Denn der Herr, HERR, tut nichts, es sei denn, dass er sein Geheimnis seinen Knechten, den Propheten, enthüllt hat.***) Im Gegensatz zum irdischen gelobten Land gibt es in dieser Dimension keine Schmerzen, keine Kämpfe und keinen Tod (vgl. Offb 21,4-5) und vor allem nichts Böses, keine Finsternis, sondern nur Licht."

„Was verschafft mir die Ehre, mit dir, Jesus, an diesem herrlichen Ort sein zu dürfen?", fragte ich, worauf Jesus eine Hand auf meine Schulter legte. „Du bist nun ein Zeuge für das Paradies, das gelobte Land, den Berg Zion und das himmlische Jerusalem. Gib den Menschen, die es interessiert, Zeugnis darüber, was ich dir gezeigt habe und zeigen werde. Noch immer rufen ich und die Braut: ‚KOMM' (vgl. Offb 22,17). Die Welt und auch die Zeit werden vergehen. Hier ist nichts mehr dem Tod und der Vergänglichkeit unterworfen. Alle, die mir nachfolgen, sind registrierte Bürger des Himmels. Es ist immer noch eure Aufgabe, vom Himmel mehr und mehr auf die Erde zu bringen. Nur so werdet ihr die kommenden Zeiten überstehen können. Lasst das Vergangene hinter euch und verankert euch ganz fest hier bei mir (vgl. Hebr 6,19)." Nach diesen Worten durfte ich neben Jesus noch länger sitzen bleiben, und ich sog mit allen meinen Sinnen den Himmel in mich auf. Diese Offenbarungen haben mich in Christus in dieser Dimension fest verankert.

Später, als Jesus mit mir vom „Rat des HERRN" wieder in die Halle der Gerechtigkeit über die Freitreppe hinabgestiegen war, sagte er noch Folgendes zu mir: „Jeder Mensch muss sich vor dem himmlischen Gericht für das, was er in seinem Leben getan oder nicht getan hat, verantworten. Insbesondere für die Herzenshaltung hinter seinen Handlungen. Entweder vor dem großen weißen Thron (vgl. Offb 20,11-14) oder vor meinem Thron (vgl. Röm 14,10 und 2 Kor 5,10). Es gibt jedoch noch einen dritten Weg, den Paulus in 1. Korinther 11,31 (LUT) aufgezeigt hat: ***Wenn wir uns selber richteten, so würden wir nicht gerichtet werden.*** Über dieses ‚Gericht der Liebe' habe ich dir schon ein paar Offenbarungen geschenkt.[7]

Deine Mission an diesem Ort ist fürs Erste beendet. Wenn du wieder hierherkommst, wird dir noch mehr Offenbarung zuteilwerden. Gehe zurück zu der Tür, durch die ursprünglich hereingekommen bist. Sie hat sich jetzt in einen Ausgang verwandelt und führt dich weiter hinauf auf den Berg Zion." Nachdem ich mich von Jesus verabschiedet hatte, verließ ich schweren Herzens die Halle der Gerechtigkeit. Durch meine Berührung der

[7] Das Gericht der Liebe: Diese Vision ist als Gastbeitrag im BLOG von Frank Krause unter folgendem Link zu finden: https://bit.ly/2JwJnde

Türen und vor allem durch Jesu Anwesenheit, leuchtete der Raum jetzt viel heller als zuvor, und auch alle Türen, die mich erkannt hatten, sahen viel prächtiger aus als beim Eintreten in diese Halle.

Jesus, der einzige Weg

Der Eingang, durch den ich gekommen war, mündete jetzt nicht mehr in den vorhergehenden Tunnel, sondern hatte sich in einen Ausgang verwandelt, der mich direkt nach draußen führte. Das war alles sehr seltsam für mich, da sich ständig alles Mögliche vor meinen Augen veränderte. Ich wäre fast hinuntergefallen, da der „Ausgang“ abrupt an der Kante des Berges endete. Kein Weg befand sich links oder rechts davon, so, als wäre es ein Loch im Berg.

„Jesus!?“, rief ich laut. „Wie geht es jetzt weiter?“ Kaum hatte ich es ausgesprochen, tauchte Jesus wieder neben mir auf und antwortete mir: „Du veränderst dich, und damit verändert sich auch der Berg; das bedingt sich gegenseitig. Nichts an diesem Ort ist starr, sondern alles ist lebendig und reagiert aufeinander. Für die anderen Menschen, die du auf der ersten Ebene gesehen hattest, sieht der Berg wiederum anders aus als für dich auf dieser Ebene. Jeder Mensch wurde von Gott individuell geschaffen, und so sieht auch jeder Mensch diesen Berg anders, sofern er sich auf den Weg macht, hierherzukommen. Und jeder geht einen anderen Weg, der für ihn passend ist. Es kann auch sein, dass du einen Teil des Weges zum Thron an der Spitze des Berges mit einer anderen Person gehst oder sie begleitest. Doch dann werden sich eure Wege wieder trennen, je nachdem, wie individuell jeder es für seinen Aufstieg braucht.

An dieser Stelle hier kommst du nur durch mich weiter. Für dich gibt es ohne mich keinen Weg, der dich weiterführt. Lege deinen rechten Arm auf meine Schulter; ich werde das Gleiche mit meinem linken Arm bei dir tun.“ So waren wir nun nebeneinander und ich war gespannt, was als Nächstes wohl passieren würde. Durch den Kontakt mit Jesus fühlte es sich an, als wäre die Gravitation (Anziehungskraft) aufgehoben. Ich war so leicht wie eine Feder und schwebte mit Jesus zusammen weiter nach oben bis zu einer weiteren Ebene. Dort landeten wir. Selbst mit einer Kletterausrüstung und dem dazu gehörenden Training wäre mir das nicht möglich gewesen.

Als Jesus mich wieder losließ, war die Anziehungskraft wieder da und ich fühlte mich normal schwer. Ich dachte bei mir: „Gut, dass ich Jesus nicht losgelassen habe, sonst wäre ich abgestürzt." Auf dieser Ebene bildete sich vor uns eine Bank aus demselben Material wie der Berg. Diese Bank sah aus, als sei sie kunstvoll aus dem Berg herausgemeißelt und dann mit Gold überzogen worden. Oder vielleicht war sie auch komplett aus Gold; jedenfalls leuchtete sie intensiv von innen heraus. Jesus setzte sich und gab mir mit einer Geste zu verstehen, ich solle ebenfalls Platz nehmen.

Kapitel 3

Auf der Bank der Herrlichkeit

Ich erwartete, vom Berg aus in die Ferne blicken zu können, stattdessen veränderte sich die Umgebung um mich herum komplett. Ich befand mich immer noch auf der Bank neben Jesus, doch statt auf dem Berg, befand ich mich jetzt in einem Garten – ohne den Berg in meinem Rücken. Jesus sprach zu mir: „Wir sitzen gerade auf der Bank der Herrlichkeit. Der Engel des himmlischen Gerichtshofes hatte dir in der Halle der Gerechtigkeit gesagt, dass alles miteinander verbunden ist. Deswegen ist der Berg Zion auch das Paradies, der aufgestiegene Garten Eden und vieles mehr. Du bist noch auf dem Berg und doch gleichzeitig im Paradies. Diese Verbundenheit, du kannst es auch Multidimensionalität nennen, ist für euch ‚dreidimensionale' Menschen schwer zu begreifen, genauso wie die Ewigkeit."

Ich wollte schon aufspringen und das Paradies „in Besitz nehmen", doch Jesus hielt mich zurück. „Warte, warte, nicht so schnell, Markus! Du musst erst lernen, richtig zu sehen. Im Übrigen brauchst du im Paradies nichts ‚in Besitz zu nehmen'. Durch mich ist es Teil deines Erbes (vgl. Röm 8,17) und es gehört dir schon! Ihr Menschen denkt immer, ihr müsstet euch das Paradies ‚erarbeiten' oder ‚verdienen', jedoch ist nichts falscher als dieser Gedanke. Durch mich, das Wort, welches Gott im Anfang sprach, wurde alles geschaffen. Somit habt ihr als Erben Anspruch darauf. Einzige Bedingung ist, dass ihr euch durch die enge, intime Beziehung mit mir wieder in das verwandelt, wie Gott euch ursprünglich geschaffen hat. Ihr seid im Bild Gottes als sein Gegenüber geschaffen worden und in diese Position müsst ihr zurückkehren. Dafür habe ich euch den Heiligen Geist gesandt, der euch dabei hilft. Auf dem Weg zurück verwandelt euch der Heilige Geist in Menschen, die mit dem Paradies wieder verantwortungsvoll umzugehen wissen."

Ein tiefer Blick ins Paradies

Jesus fuhr fort: „Doch nun zu der Lektion, weswegen du mit mir auf der Bank sitzt. Was siehst du Markus?" „Ich sehe vor mir Gras, etwas weiter weg eine Blumenwiese. Links von mir stehen große Bäume und rechts von mir fließt ein Bach. Ich höre auch Vögel zwitschern, aber sehen kann ich sie gerade nicht." „Du siehst nicht wirklich", erwiderte Jesus mit einem Lächeln im Gesicht. „Fokussiere dich auf den Grashalm vor dir, nur darauf, und blende alles andere aus. Was siehst du jetzt?" Zuerst sah ich nur einen Grashalm, was sonst? Nach einiger Zeit der Fokussierung konnte ich den Grashalm umfassender wahrnehmen. Ich „sah" jede einzelne Zelle des Grashalms, alle Wurzeln in der Erde, wie der Grashalm die Photosynthese bewerkstelligte und dadurch wuchs und wie dieser Grashalm mit allen anderen Grashalmen auf der Wiese vor mir verbunden war. „Fantastisch!", rief ich aus. „Wie geht das?"

„Dadurch, dass du jetzt mit dem Paradies verbunden bist", antwortete Jesus. „Die erweiterte Wahrnehmung deines Herzens hat sich durch mich mit dem Paradies, das vor dir ist, verbunden. So erkennt dich das Paradies, und du erkennst es. Was du im Inneren deines Herzens erkennst, das findest du gespiegelt auch in deiner äußeren Welt und in deiner Alltagserfahrung wieder. Aber dafür braucht es eine geschärfte (bewusstere) Wahrnehmung. Ich hatte dir schon früher gesagt, dass eure Wahrnehmung, bedingt durch den Sündenfall, sehr eingeschränkt ist. Selbst eure Wissenschaftler sagen, dass ihr nur einen Bruchteil dessen wahrnehmt, was um euch herum ist. Solange ihr euch mit diesem Bruchteil der Realität zufriedengebt, werdet ihr auch nicht mehr als das sehen und bleibt in eurer

Matrix[1] gefangen. Von dieser Ebene aus gesehen ist eure Matrix wie ein Gefängnis. Ihr seid zu weit mehr berufen als ihr ahnt! Sieh nun zu dem Baum dort hinüber."

Jesus zeigte auf den nächsten Baum und bedeutete mir, mich wieder zu fokussieren. Diesmal konnte ich den Baum sofort tiefer wahrnehmen. Ähnlich wie bei dem Grashalm konnte ich alle Bestandteile des Baumes erkennen. Zudem nahm ich wahr, wie der Baum mit allen anderen Bäumen verbunden war und mit ihnen kommunizierte. Noch ungewöhnlicher war für mich, dass ich gleichzeitig jede Entwicklungsstufe im Wachstum des Baumes erkennen konnte, also seine zeitliche Dimension. Vom Samen, der in die Erde fiel, bis zu dem erwachsenen Baum mit vielen tiefen Wurzeln und einer mächtigen Krone und Blättern. „Alles Leben ist miteinander und mit mir verbunden", sagte Jesus noch, „deswegen bin ich der Schlüssel, um all das in Wahrheit zu erkennen, es so zu sehen, wie es wirklich ist."

Als Nächstes bewegte Jesus seine rechte Hand, so als ob er etwas zu sich heranwinken würde. Da kam ein Kolibri mit einem prächtigen Gefieder auf uns zu geflogen. Diesmal musste Jesus mich nicht mehr auffordern zu sehen. Es war, als könnte ich den Flügelschlag des Kolibris in Zeitlupe sehen. Ich konnte jede einzelne Feder und jede noch so kleine Farbnuance darauf wahrnehmen, auch wie seine Muskeln zusammenspielten, damit er fliegen konnte. Ich konnte sogar das Pochen seines Herzes hören, wie es Blut durch seine Adern pumpte, um die Muskeln zu versorgen. Was für ein magischer Moment! Jetzt war ich völlig sprachlos. Ich genoss diesen Moment des Sehens, bis der Vogel wieder weiterflog.

Jesus sagte weiter: „Du wirst eine Ewigkeit dazu Zeit haben, das Leben an diesem Ort zu genießen. Leider können die meisten Menschen diese großartige Schöpfung Gottes nicht mehr so sehen. Könnten sie es, würden sie diese Schöpfung bewahren und nicht zerstören. Doch du hast noch weitere Fragen an mich, Markus?" „Konnten Adam und Eva deine Schöpfung so

[1] Anspielung auf den Science-Fiction-Film „Matrix" aus dem Jahr 1999 mit Keanu Reeves und Laurence Fishburne in den Hauptrollen (Quelle: Wikipedia).

wahrnehmen, wie ich es gerade tue, und was ist aus dem Garten Eden geworden?", will ich wissen.

„Adam und Eva konnten ursprünglich noch weit mehr erkennen und sehen, als du es jetzt kannst. Je öfter du in das Paradies kommst, desto schärfer sehen deine Augen und du näherst dich dem Erkennen des Anfangs an. So konnte Adam allen Tieren ihren Namen geben, weil er sie durch und durch erkannte. Doch wie du in der Bibel nachlesen kannst, entschieden sich Adam und Eva zu einem Leben getrennt von mir. Dadurch, dass infolgedessen der Tod in ihr Leben kam, schwand ihre Fähigkeit zu sehen und zu erkennen dahin. Sie waren nur noch bedingt kompatibel mit dem ewigen Leben. Die Cherubim und das kreisende Flammenschwert mussten fortan das Paradies (vgl. 1 Mo 5,24) und den Zugang zum Baum des Lebens vor ihnen bewachen.

Durch den Tod, der durch den Sündenfall zu Adam und Eva kam, waren sie nicht mehr kompatibel mit dem Paradies. Die Menschen wurden durch den Kontakt mit dem Gift der Schlange und dem Kontakt mit dem Baum der Erkenntnis von Gut und Böse leider selber immer boshafter. Das gipfelte darin, dass sie mit den Dämonen die Riesen (vgl. 1 Mo 6,4) zeugten. In diesem grauenvollen Zustand hätten sie nicht nur das Paradies, sondern die gesamte Erde völlig zerstört und alles wäre komplett verloren gegangen, daher musste ich die Sintflut über die Erde bringen. Sonst wäre nicht nur das Paradies, sondern die ganze Erde zerstört worden.

Nur noch Noah und seine Familie hatten sich nicht der Bosheit hingegeben. Kurz vor der Sintflut habe ich das Paradies in den Himmel aufsteigen lassen. Du könntest auch dazu sagen, dass es die Dimension gewechselt hat. Dadurch wurde das Paradies vor der Zerstörung durch den Menschen bewahrt und auf der Erde konnte nach einem Reinigungsprozess ein Neustart geschehen. Einige Naturvölker haben noch eine Ahnung von dieser vollendeten Harmonie zwischen der Natur und dem Menschen und versuchen, danach zu leben. Doch mit dem zunehmenden Kontakt zu der sogenannten Zivilisation ging dieses alte Wissen mehr und mehr verloren. Euch jedoch steht das Paradies durch mich als den rechtmäßigen Erben wieder offen."

Jesus führte weiter aus: „Durch mich seid ihr vom Tod zum Leben hinübergewechselt. Nicht erst in der Ewigkeit (vgl. 1 Joh 5,13), sondern schon jetzt. Durch mich habt ihr den Tod besiegt und könnt an diesen Ort kommen. Der Baum der Erkenntnis von Gut und Böse wurde gefällt und entsorgt (mehr dazu am Anfang des Kapitels 4). Er existiert nicht mehr. So gibt es nun im Paradies keine Versuchung mehr zum Tod, sondern nur noch Leben! Die Sehnsucht nach diesem Paradies ist im Herzen der Menschen geblieben. Finden können die Menschen es jedoch nur durch mich in dieser Dimension."

Nun wechselte Jesus das Thema: „Welchen Vogel würdest du gerne hören, Markus? Ich meine, wirklich hören." „Na ja, vielleicht eine Nachtigall?" erwiderte ich Jesus. „Gut, dann denke ‚Nachtigall komm' in deinem Geist und sie wird zu uns kommen. Konzentriere dich aber diesmal nicht auf den Vogel selber, sondern auf die Töne, die er von sich gibt." Ich dachte also in meinem Geist: „Nachtigall, komm zu uns", und schon kam eine Nachtigall angeflogen und setzte sich auf die Schulter von Jesus. Sofort begann sie zu zwitschern – was sage ich, sie sang eine wunderbare Melodie. Ich konnte jede einzelne Frequenz hören und das Zusammenspiel der Frequenzen zu dem wunderbaren Gesang des Vogels wahrnehmen. Das war nicht zu vergleichen mit dem, wie sich eine Nachtigall auf Erden anhört. Auch „sah" ich, wie der Vogel die Luft in Schwingung um sich herum versetzte und so die Töne erzeugte. Ich konnte die Luft sehen, wie sie im Rhythmus der Töne schwang.

„Ich dachte schon immer, dass am Morgen bei Sonnenaufgang die Vögel dich loben und preisen", meinte ich. Jesus lächelte und erwiderte mir: „Ja das tun sie. Dazu haben wir (Vater, Sohn und Heiliger Geist) sie geschaffen. Könntet ihr Menschen auf Erden hören, wie du jetzt im Paradies hörst, würdet ihr sofort mit der gesamten Schöpfung in den Lobpreis einstimmen. In der Ewigkeit ist dieser Lobpreis immer präsent, von allen Lebewesen, Menschen und Engeln. Doch du hörst ihn nur, wenn du dich darauf konzentrierst. Vor dem Anbetungsthron Gottes weiter oben auf dem Berg Zion ist der Lobpreis jedoch so intensiv, dass ihn niemand mehr überhören kann."

Der Fluss des Lebens

Jesus sagte weiter: „Nun blicke auf das Wasser in dem Bach." Er kannte natürlich meine sofort aufkommenden Gedanken, dass ich doch schon durch die Wand lebendigen Wassers hindurch gegangen und vom Wasser erkannt worden bin. „Denke nicht, du wüsstest schon alles", ermahnt mich Jesus. „Lasse dich doch darauf ein, jetzt dieses Wasser zu erkennen. Denke immer daran, selbst in der Ewigkeit wirst du immer noch tiefer erkennen, sowohl Neues als auch schon Bekanntes. Das ist das größte Problem mit euch Menschen: Ihr denkt, ihr wüsstet schon alles. Wenn ihr diesen Zustand nicht durch mich überwindet, könnt ihr immer weniger von der Wirklichkeit erkennen und bleibt in der Matrix eurer sehr begrenzten Weltsicht gefangen." Ich blickte also zu dem Wasser in dem Bach. Bei näherer Betrachtung leuchtete es ebenfalls aus sich selbst heraus wie das lebendige Wasser des Wasserfalls am Berg.

Doch dann zog es mich wie in das Wasser hinein, obwohl ich weiterhin auf der Bank neben Jesus saß. Ich konnte gleichzeitig die Wolken am Himmel erkennen, aus denen dieses Wasser herausgeregnet war, jeden einzelnen Wassertropfen. Ebenso sah ich, wie sich die Wassertropfen zu dem Bach verbanden und das Wasser erst knöcheltief, dann knietief und noch tiefer wurde. Schließlich mündete es in einem großen Delta in das Meer, um aus ihm wieder als Wolken aufzusteigen. Das erinnerte mich an die Vision des Propheten Hesekiel (vgl. Hes 47). Ich sah in einem Moment diesen ganzen Zyklus, den Anfang und das Ende. Und noch mehr: Dieses lebendige Wasser des Baches verband sich noch tiefer mit dem Wasser in mir. Ich empfand, dass dieses Wasser mich „erkannte", mehr noch als ich dies zuvor beim Wasserfall weiter unten am Berg erlebt hatte. Ich konnte in mir den Fluss des Wassers erkennen, wie es das Leben in meinen ganzen Körper durch alle meine Zellen transportierte.

Wieder verschlug es mir die Sprache und ich „badete" längere Zeit in diesem Erkennen und Erkanntwerden des lebendigen Wassers. Ich konnte gar nicht genug davon bekommen. Was für eine atemberaubende Vision, dies mit und durch Jesus in mir zu sehen! Meine Worte, die ich gerade schreibe, können dies nur spärlich beschreiben. So muss es den Propheten gegangen sein, wie z. B Hesekiel oder Johannes in der Offenbarung, als sie versuchten zu beschreiben, was sie da gerade gezeigt bekamen.

Sarah

Um diesen emotionalen Moment besser zu verstehen, muss ich etwas ausholen. Meine Frau und ich heirateten im November 1999. Natürlich wollten wir auch Kinder haben. Nachdem sich nichts tat, ließen wir uns beide untersuchen. Die Ärzte stellen bei meiner Frau die Diagnose, dass sie keine Kinder bekommen könne. Da wir uns im Vorfeld schon darauf geeinigt hatten, keine künstlichen Maßnahmen zur Befruchtung durchführen zu lassen, fanden wir uns damit ab, kinderlos zu bleiben.

Ein paar Jahre später wurde meine Frau dann doch schwanger. Intuitiv wusste ich das eher, als meine Frau. Ich musste sie richtig dazu drängen, einen Schwangerschaftstest durchzuführen. Interessanterweise bekam ich von Gott den Eindruck, es sei ein Mädchen und wir sollten sie Sarah nennen. Meine Frau Esther fand den Namen auch gut, sie trägt ja selber einen biblischen Namen. So freuten wir uns auf das Wunder des neu entstehenden Lebens.

Doch leider kam es anders. Bei einer Untersuchung stellte sich heraus, dass das Herz von Sarah aufgehört hatte zu schlagen. Sie war noch im Mutterleib gestorben. Da brach eine Welt für mich zusammen; ich konnte das nicht verstehen. Erst schenkte Gott das Wunder, entgegen aller Voraussagen der Ärzte, und dann beschützte er das werdende Leben nicht, sodass Satan es töten konnte? Ich lief mehrere Wochen eher wie ein Zombie als ein Mensch durch die Gegend. Ich brauchte weit länger als meine Frau, um diesen Tiefschlag zu verdauen.

Doch dann sahen sowohl meine Frau als auch ich unabhängig voneinander in einer Vision Sarah als kleines Kind mit roten Haaren. Jesus versicherte mir, sie habe es gut und könne bei ihm im Himmel aufwachsen. Der himmlische Vater gibt in so einem Fall den Eltern die Möglichkeit zu entscheiden, ob ihr

Kind in der unsichtbaren Welt bei Jesus aufwächst oder ob sie es selbst später in der Ewigkeit aufziehen wollen. Beides sei möglich, versicherte mir Jesus. Wir entschieden uns, unsere Tochter Sarah solle bei Jesus aufwachsen, beteten entsprechend und dankten Gott dafür.

Nun zurück zur Vision vom Paradies. Jesus erhob sich von der Bank und gab mir mit einer Geste zu verstehen, ihm zu folgen. Wir gingen zuerst durch einen Wald mit verschiedenen Bäumen. Alle Bäume passten harmonisch zueinander und waren miteinander verbunden, als seien sie alle füreinander geschaffen. Dann kamen wir zu einer Blumenwiese mit einem Bach, der mitten durch die Wiese floss. Noch im Wald hörte ich die Geräusche von spielenden Kindern.

Wie schön, dachte ich, es gibt wieder Menschen im Paradies, so wie am Anfang bei Adam und Eva. Ich blieb in einiger Entfernung von den spielenden Kindern stehen, und Jesus ging weiter auf die Gruppe der Kinder zu. Die freuten sich riesig, dass Jesus da war und gingen ganz selbstverständlich davon aus, dass er sofort mit ihnen spielen würde, was er auch tat. Das erinnerte mich stark an folgenden Vers aus der Bibel: ***Jesus aber rief sie herbei und sprach: Lasst die Kinder zu mir kommen und wehrt ihnen nicht! Denn solchen gehört das Reich Gottes*** (Lk 18,16).

Nach einiger Zeit des Spielens und Herumtollens von Jesus mit den Kindern nahm er ein rothaariges Mädchen an der Hand, beugte sich hinunter und redete mit ihr. Ich war zu weit weg, um zu verstehen, was Jesus mit dem Mädchen redete. Die anderen Kinder rannten weiter, um an einer anderen Stelle zu spielen. Plötzlich drehte sich das Mädchen in meine Richtung um und rannte auf mich zu und umarmte mich.

„Sarah!?“, rief ich. „Ja, Papa.“ Das haute mich um. Ich musste mich schnell auf die Wiese setzen, da meine Knie weich wurden und ich mich nicht mehr auf meinen Beinen halten konnte. Jesus kam freudestrahlend auf uns zu. „Ja, Markus, das ist deine Tochter Sarah. Ich hatte dir doch versichert, es gehe ihr gut bei mir. Jetzt kannst du selbst mit ihr spielen.“ Was für eine Gnade, dies erleben zu dürfen! Mir laufen jetzt noch die Tränen über die Wangen, während ich dies aufschreibe.

Nachdem wir lange gespielt und noch viel mehr miteinander geredet hatten, gab uns Jesus zu verstehen, dass ich jetzt mit ihm weitergehen sollte. „Müssen diese Kinder auch in die Schule gehen?“, fragte ich Jesus. „Sie dürfen lernen, wie sie es wollen. Dadurch, dass im Paradies die durch den Sündenfall entstandene Begrenzung eures Denkapparates aufgehoben ist, können die Kinder hier sehr viel schneller lernen als auf der Erde. Wozu du dort einen Monat intensives Lernen bräuchtest, braucht er in dieser Dimension nur eine Stunde oder weniger nach eurer Zeit. Ich sage ‚eurer Zeit‘, weil sich die Ewigkeit nicht mir eurer Zeit vergleichen lässt.“

„Wie geschieht das Lernen an diesem Ort?“, frage ich weiter.

„Die Kinder hören sich die Geschichten von Menschen aus der Wolke der Zeugen oder der vollendeten Gerechten an. Es geht in erster Linie um Beziehungen und weniger um das Wissen. Die Beziehungen sind für Kinder das Wichtigste. Um sich im Paradies orientieren zu können, genügt eine kurze Einweisung. Die Kinder profitieren vor allem von der Lebenserfahrung der anderen Menschen hier. Natürlich können sie auch direkt von mir und den Engeln lernen. Jede Begegnung erweitert ihren Horizont enorm, viel mehr als selbst eine intensive Freundschaft auf der Erde es leisten könnte. Doch nun werden wir weitergehen und diesen Ort verlassen.“ Das war in Ordnung für mich, da ich ja jetzt wusste, dass meine Tochter in sehr guten Händen bei Jesus ist und mit himmlischen Beziehungen in Liebe aufwächst.

Ich stärkte mich noch mit einem Schluck aus dem Bach des lebendigen Wassers, und nicht lange, dann kamen wir zu einer weiteren Bank der Herrlichkeit. Auch diese Bank leuchtete von innen heraus, glich jedoch mehr dem Paradies als die vorherige Bank auf dem Berg Zion. Jesus und ich setzen uns auf diese Bank im Paradies. Und wieder veränderte sich die ganze Umgebung vor meinen Augen. Wir waren jetzt nicht mehr in einer Gartenlandschaft, sondern in einer Stadt mit vielen Gebäuden um uns herum. Die Gebäude erstreckten sich auf mehreren Ebenen bis über den Horizont hinaus.

Im himmlischen Jerusalem

„Soll ich wieder warten?“, fragte ich Jesus. „Nein, wir gehen gleich in das himmlische Jerusalem (vgl. Offb 21) hinein. Du bist so weit, dass ich dir einiges vom Inneren der Stadt Gottes zeigen kann. Was siehst du?“, fragt Jesus mich. Um mich an dieses intensive Leuchten zu gewöhnen, blickte ich zuerst vor mich auf den Boden. Dieser leuchtete golden wie alles andere auch. „Sind das die ‚goldenen Straßen von Jerusalem‘?“, fragte ich.

„Ja, das sind die berühmten goldenen Straßen von Jerusalem. Doch sehen sie nur aus wie leuchtendes Gold. Dieses Gold ist nicht mit dem Gold auf der Erde zu vergleichen. Ich werde dir zeigen, was das bedeutet. Stelle dir doch bitte ein schönes Haus in deinem Geist vor“, forderte Jesus mich auf. Wir befanden in jenem Moment auf einem freien Platz zwischen einigen Häusern. Also stellte ich mir das schönste Haus vor, das mir an diesem Ort in den Sinn kam. Einstöckig mit großen Fenstern um einen geräumigen Innenhof herum. Kaum formten sich meine Gedanken, veränderte sich die goldene Straße bzw. der Platz vor mir und genau dieses Haus entstand physisch vor meinen Augen, so, wie ich es mir vorgestellt hatte.

„Wie geht das?“, fragte ich erschrocken und erstaunt zugleich. Jesus antwortete mir mit einer Gegenfrage: „Denkst du, Gott schafft ‚tote Materie‘, Markus?“ „Wenn du so fragst, dann wahrscheinlich nicht“, antwortete ich, ohne wirklich zu verstehen, was gerade vor sich ging. „An diesem Ort ist alles lebendig, auch die vermeintlich ‚toten‘, goldenen Straßen des himmlischen Jerusalems. Sie formen sich und passen sich deinen Wünschen an, deswegen ist hier nichts statisch, sondern verändert sich dauernd. Wünschst du dir später eine Ranch oder ein mehrstöckiges Haus, so wird sich an diesem Platz wieder alles verändern. Je nachdem, was du dir vorstellst. Es gibt an diesem Ort keine ‚tote‘ Materie. Du hast dir in deinen Gedanken einen Innenhof vorgestellt. Komm mit, wir gehen dorthin.“

Wir gingen also durch das Haus hindurch und betraten den Innenhof. Alles war so, wie ich es mir vorgestellt hatte, bis ins kleinste Detail, auch die Inneneinrichtung. Es sah nicht mehr golden aus, was sich da gerade geformt hatte, sondern war verschiedenfarbig. Überaschenderweise waren die Farben hier viel prächtiger als auf der Erde. Und doch schimmerte immer noch etwas von den „goldenen Straßen" des himmlischen Jerusalems durch. Es leuchtete alles in sich selber, da es ja lebendig war. Als wir durch eine große Tür in den Innenhof gingen, veränderte sich wieder alles vor mir. Staunend stand ich da, denn wir waren erneut in einem wunderschönen Garten.

Jesus sagte dazu: „Du fragst dich sicher, wie sich eine ‚goldene Straße' in einen Garten verwandeln kann? Hat sie auch gar nicht getan. Da alles miteinander verbunden ist, bist du jetzt wieder im Paradies – und auch noch im himmlischen Jerusalem und auf dem Berg Zion. Ich weiß, das ist für dich derzeit noch nicht zu begreifen, doch freue dich daran und genieße es. Komm wieder zurück, ich will dir noch mehr vom himmlischen Jerusalem zeigen."

Wir drehten uns also wieder um und ich folgte Jesus durch das Haus zurück auf die Straße. Schon wieder hatte sich einiges verändert. „Wie soll ich mich da zurechtfinden?", dachte ich bei mir. Jesus kannte meine verwirrten Gedanken. „Da sich ein Abbild des himmlischen Jerusalems parallel dazu in deinem Herzen bildet, erkennst du dies alles. Auch wohin die Straßen führen, selbst wenn sich alles verändert. Doch sieh dort hinüber!" Jesus zeigte auf ein tolles Gebäude, das sich gerade formte. „Bist du interessiert an dem Menschen, der sich gerade dieses Gebäude ausdenkt?", fragte mich Jesus.

„Ja natürlich bin ich das, ich sehe aber keinen Weg, dorthin zu gelangen." „Denke dir einen Weg der Verbundenheit zu deinem Nachbarn", forderte Jesus mich auf. Also dachte ich mir einen „Weg der Verbundenheit" aus, wie immer es mir in den Sinn kam. Da entstand vor meinen Augen eine Brücke von meinem Anwesen hinüber zu dem Gebäude meines Nachbarn. Es war eine Art Rundbogen-Brücke, aus Steinen gemauert. Zu meinem äußersten Erstaunen baute diese Brücke sich gleichzeitig von meiner und von der anderen Seite her auf, solange bis sich die beiden Bögen in der Mitte trafen und so zu einer kompletten Brücke verschmolzen.

„Hatte mein Nachbar denn den gleichen Gedanken wie ich?", fragte ich mich und blickte zu Jesus hinüber. „Ja, er hat auf deinen Wunsch nach Verbundenheit reagiert. Komm und gehe auf die Brücke ihm entgegen und begrüße ihn", forderte mich Jesus auf. Ich ging also auf die soeben entstandene Brücke und war gespannt, wer da auf mich zukommen würde. Die Person, die mir entgegenkam, kannte ich im Natürlichen nicht. Es war aber eine solche Verbundenheit da, dass wir uns freudestrahlend umarmten. Es fühlte sich an, als hätten wir uns schon eine Ewigkeit gekannt.

Jesus lächelte, als er uns zuschaute und sagte: „Diese enge Verbundenheit ist im Himmel normal. Durch mich seid ihr schon verbunden, obwohl ihr euch in der sichtbaren Welt erst noch begegnen werdet. Doch wir sollten weitergehen; ich habe dir noch so vieles zu zeigen. Du hast später noch eine Ewigkeit dafür Zeit. Du wirst Menschen treffen, die du kanntest und noch viel mehr Menschen, die du zu Lebzeiten nicht kennengelernt hast oder die schon gestorben waren. Komm weiter mit mir!" Ich verabschiedete mich von meinem „Nachbarn" und ging mit Jesus weiter. Nach einiger Zeit bogen wir ab auf eine Prachtstraße, vergleichbar einer Allee.

Im Schloss des Bräutigams

Wir gingen weiter diese Allee entlang, bis wir zu einem großen, freien Platz kamen. Gegenüber sah ich ein sehr großes, prunkvolles Schloss, zu dem eine breite Treppe hinaufführte. „Was ist das für ein Schloss?", fragte ich Jesus. „Dies ist das Schloss des Bräutigams", antwortete er. „Es ist mit allen Heimatschlössern auf der Erde verbunden. Das Heimatschloss[2] deines Landes hast du schon in einer anderen Vision gesehen. Komm, wir gehen in mein Schloss hinein." Mir fiel auf, dass sich nur wenige

[2] Heimatschloss: Nach meinen Offenbarungen scheint es für jedes Land in der unsichtbaren Welt ein Heimatschloss zu geben, zum Beispiel das Heimatschloss Deutschlands. Die Heimatschlösser sind alle miteinander verbunden und stellen eine Vertretung des Schlosses des Bräutigams im himmlischen Jerusalem dar. Damit haben sie den Charakter einer Botschaft.

Menschen auf diesem Platz vor dem Schloss befanden. Diese Menschen bewunderten offensichtlich das prächtige Schloss, gingen aber nicht hinein, wie Jesus und ich es taten.

Als wir an dem großen Eingangsportal angelangt waren, öffneten uns zwei Engel die Flügeltüren. Ich meinte, die beiden Engel wiederzuerkennen. Sie sahen aus wie jene Engel, die ich in der Halle der Gerechtigkeit vor einer der Freitreppen getroffen hatte, doch waren sie jetzt prächtiger gekleidet. Jesus kannte natürlich meine Gedanken und sagte: „Das hast du richtig erkannt, du hast diese Engel des himmlischen Gerichtshofes in der Halle der Gerechtigkeit schon getroffen. Sie dienen mir auch hier an meinem Schloss." Wir gingen über die Schwelle in das Schloss des Bräutigams hinein. Da im himmlischen Jerusalem alles lebendig ist und leuchtet, war es im Schloss genauso hell wie auf dem Vorplatz.

Nachdem wir eingetreten waren, hatte sich das Aussehen von Jesus verändert. Er sah jetzt viel herrlicher aus als zuvor und trug ein prunkvolles, königliches Gewand. Durch das Foyer kamen wir in einen großen Saal mit vielen Tischen und noch mehr Stühlen. Der Saal war so riesig, dass ich Mühe hatte, die Wände zu erkennen. Weit unten im Saal konnte ich einen prächtigen Thron, der alles andere überragte, wahrnehmen. Zudem schien sich die Ausdehnung des Raumes ständig zu verändern. „Was ist denn das für ein Saal?", fragte ich verwundert Jesus neben mir.

„Das ist mein Hochzeitssaal", erwiderte Jesus. „An diesem Ort findet die Hochzeit zwischen meiner Braut und mir statt." Mir fuhr ein Schreck durch alle Glieder als ich an das Gleichnis in Matthäus 22,1-13 dachte. Ich hatte ja immer noch meine „Straßenklamotten" an, jedenfalls kein Hochzeitskleid. Jesus lächelte mich an und sprach: „Natürlich hast du dein Hochzeitskleid an. Du erkennst es derzeit nur noch nicht. Dein Hochzeitskleid trägt den Namen ‚Jesu Gerechtigkeit' (vgl. 2 Kor 5,21 und Eph 4,21-24). Der Mensch in dem Gleichnis, an das du gerade gedacht hast, hatte ein Kleid der Selbstgerechtigkeit an. Dieses Kleid hat an diesem Ort keinen Bestand. Deswegen wurde dieser selbstgerechte Mensch hinausgeworfen. Es gibt an anderen Stellen noch weitere Eingänge zu meinem Hochzeitssaal. Auch dort stehen Engel des himmlischen Gerichtshofes."

Wir gingen weiter in diesen gigantischen Raum hinein, bis Jesus mich mit einer Geste aufforderte, mir die Tische und die Stühle vor uns näher anzusehen. Die Tische waren alle verschieden und doch irgendwie miteinander verbunden. Von prächtigen Holztischen mit Verzierungen bis hin zu marmornen Tischen mit kunstvollen Gravuren. Noch interessanter war, dass einige Stühle wie aus dem Nichts auftauchten und wieder verschwanden. Auch veränderten die Stühle ihr Aussehen. Von einem einfachen Holzschemel bis hin zu einem königlichen Stuhl mit einem farbenprächtigen Polster, der mit Gold, Silber und Diamanten verziert ist (vgl. auch 1 Kor 3,12-15).

„Wieso sind die Tische verschieden? Ich dachte es sei eine große, einheitliche Hochzeitstafel", fragte ich Jesus. „Die Tische sind deshalb verschieden, weil hier Familien zusammensitzen. Damit ist meine Ekklesia-Familie[3] gemeint. Ganz sicher keine Institution, da ich keine Kirche gegründet habe. Im besten Fall umfasst dies auch die Generationen einer ‚biologischen' Familie gemäß ihrer Blutlinie. Doch leider ist dies nicht immer so. An mir scheiden sich die Geister (vgl. Mt 10,34-39), da sich bedauerlicherweise nicht alle Familienmitglieder dazu entscheiden, ihr Leben in meine Hände zu legen und mir nachzufolgen."

„Und was hat es mit den Stühlen auf sich?", fragte ich Jesus. „Im Moment deiner Zeugung taucht im Schloss des Bräutigams der zu dir gehörende Stuhl auf. Mein Vater hat alle Menschen eingeladen, um zur Hochzeit mit mir zu erscheinen. Wenn der Stuhl wieder verschwindet, hat dieser Mensch die Einladung zu dieser herrlichen Hochzeit nicht angenommen und ist in dieser Ablehnung gestorben. Das ist sehr tragisch und traurig für mich und den Vater", antwortete Jesus auf meine Frage.

„Bleibt der Stuhl ein einfacher Stuhl, so hat dieser Mensch nicht nach seiner Bestimmung gefragt und ist demzufolge auch nicht auf diesem Pfad der Erfüllung seiner Bestimmung gewandelt. Hat er sich jedoch nach seiner Bestimmung ausgestreckt

---

[3] Zu „Ekklesia", siehe Fußnote Seite 44.

und ist auf diesem Pfad mit mir weiter und weiter gegangen, so verwandelt sich der Stuhl gemäß dem Maß der Erfüllung seiner Bestimmung und wird am prächtigsten, wenn er sie voll erfüllt hat. Auf die Liebe des Vaters zu seinen Kindern hat es jedoch keinen Einfluss, ob ein Mensch seine Bestimmung erfüllt hat oder nicht."

Meine Gedanken lesend führte Jesus weiter aus: „Was deine Bestimmung ist, kann dir nur der Vater sagen. Er hat sie vor Grundlegung der Welt in dein Buch des Lebens geschrieben. Du musst mit ihm darüber sprechen; nur der Vater kann dir das Buch öffnen. Alle Bestimmungen haben immer einen übernatürlichen Anteil, den du nur mit mir, dem Vater und dem Heiligen Geist zusammen erreichen kannst; unabhängig von Gott funktioniert das nicht. Es gibt durchaus Menschen, die ihre Bestimmung in ihrem Herzen erkennen und versuchen, sie selbst zu erfüllen. Doch die komplette Erfüllung geht nur mit Gott zusammen an seiner Hand."

„Wie funktioniert das mit der Einladung zu dieser Hochzeit? Nach deinen Ausführungen ist jeder eingeladen. Gilt das nur für diejenigen, die im Glauben gestorben sind?", fragte ich zurück. Jetzt blickte mich Jesus ernst an. „Diese Einladung macht für Verstorbene keinen Sinn. Die Einladung habe ich ausgesprochen, als ich vor 2000 Jahren als Mensch auf dieser Erde gelebt habe. Sie gilt für die Lebenden und nicht für die Toten. Ihre Gültigkeit besteht seit damals bis heute und in die Zukunft hinein, solange, bis ich zum zweiten Mal auf diese Erde komme. Genaugenommen gilt die Einladung seit dem Zeitpunkt, als ich in den Himmel aufgestiegen bin (vgl. Apg 1,9). Da hat der Vater diesen Hochzeitssaal für mich erdacht, ausgesprochen und er entstand. Ihr müsst ***jetzt*** der Einladung folgend hierherkommen. Du bist dieser Einladung gefolgt, und so hat sich dein Stuhl hier manifestiert und kann nicht mehr verschwinden, es sei denn, du würdest vom Glauben wieder abfallen. Die beiden Gleichnisse (vgl. Mt 22,1-14 und Lk 14,15-24) enthalten eine ernste Warnung vor den Konsequenzen, die Einladung auszuschlagen. Deswegen stehen Engel des himmlischen Gerichtshofes vor jedem Eingangstor."

„Was ist, wenn sich jemand unwürdig dafür fühlt, hierherzukommen, so wie ich, als ich in diesen Raum eingetreten bin?“, fragte ich Jesus weiter. „Der Vater hat jeden Menschen eingeladen, zu dieser Hochzeit zu kommen. Die beiden genannten Gleichnisse habe ich in seinem Namen als Einladung weitergegeben und nicht als Drohung. Es hat jedoch Folgen, sich nicht darauf einzulassen. Wegen der Liebe und der Gerechtigkeit Gottes musste ich beides ansprechen, sowohl die Einladung als auch die Konsequenzen einer Zusage oder Absage. Jeder Mensch befindet sich in der gleichen Ausgangsposition. Ohne mich ist er unwürdig, gekleidet in Selbstgerechtigkeit. Mit mir ist er würdig, gekleidet mit dem Hochzeitskleid meiner Gerechtigkeit.“

Ich frage Jesus weiter: „Da hier alles eine Bedeutung hat, was hat es mit dem großen Vorplatz vor dem Schloss auf sich?“ „Zur Hochzeit wird dieser Platz ebenfalls festlich geschmückt sein. Dort werde ich mit meiner Braut im Himmel tanzen und fröhlich sein. Alles ist dann für die Feierlichkeiten vorbereitet. Dies wird die wichtigste Feier aller Zeiten sein, selbst aus Sicht der Ewigkeit. Dann ist Gottes Plan bezüglich der Braut komplett in Erfüllung gegangen. Dann wird die Freude noch viel größer sein (vgl. Offb 21,4).“

Mittlerweile waren wir umgekehrt, hatten die Hochzeitshalle verlassen und begaben uns zurück auf den Vorplatz. Mir fielen erneut die wenigen Menschen auf, die sich dort aufhielten und dieses Schloss eher wie eine Touristenattraktion betrachteten und keine Anstalten machten, das Schloss zu betreten. Wie traurig, dachte ich bei mir, dass so wenige der Einladung des Bräutigams folgen. Meine Gedanken lesend, antwortete Jesus mir: „Diese Personen, die du hier siehst, haben gerade eine Begegnung mit Gott in der unsichtbaren Welt. Das freut und begeistert sie, aber die Menschen wissen nicht, damit umzugehen. Deswegen sieht es für dich so aus, als würden sie sich wie Touristen auf einer Sightseeingtour benehmen. Erst in dem Moment, in dem sie sich auf die Begegnung mit Gott einlassen und mich danach fragen, kann ich ihnen erklären, wo sie sich gerade befinden und wie sie weiter in das Schloss gelangen. Die beiden Gleichnisse aus Matthäus 22,1-14 und Lukas 14,15-24 sind Tore.

Du kannst die Tore auch Portale nennen, um in den Himmel an diesen Ort vor dem Schloss des Bräutigams zu gelangen. Durch ein Bewegen im Herzen und ein vertieftes Einlassen darauf, öffnen sie sich in deinem Geist. Es gibt noch viele Bibelstellen in der heiligen Schrift, die solch eine Portalfunktion haben."

Unvermittelt landeten zwei sehr große Adler mit goldenen Federn direkt vor uns. Wie zuvor die beiden Engel kamen mir auch diese Adler irgendwie bekannt vor. „Diese beiden Adler habe ich herbeigerufen", sagte Jesus. „Das sind die beiden Königsadler, die du bereits kennst. Erinnere dich an diese Vision von den beiden Adlern."

Die beiden Königsadler

In einer früheren Vision war mir eine Tasche mit „Lichtkugeln" umgehängt worden und ich hatte mich gefragt, was ich damit tun solle. Diese Lichtkugeln hatten die Größe von Fußbällen. Sie bestanden aus einem mir unbekannten Material und leuchteten intensiv, nicht wie mit einer Lichtquelle von innen heraus beleuchtet, sondern sie schienen komplett aus Licht zu bestehen. Da kam ein großer Adler mit goldenem Gefieder geflogen und nahm mich mit. In dieser Vision hatte ich eine Art Tragegeschirr an, sodass der Adler mich problemlos mit seinen Krallen ergreifen konnte. Unter mir sah ich die Umrisse von Deutschland, das von einer finsteren Wolke bedeckt war.

Als wir über meinem Heimatort waren, kam ein weiterer Adler mit goldenen Federn zu uns, ebenfalls mit einer Person, die er mit seinen Krallen festhielt. Ich konnte das Gesicht dieser Person nicht erkennen, jedoch dass sie, wie ich, eine Tasche mit Lichtkugeln umhängen hatte. Ich wusste intuitiv, dass dies ein Ort war, auf den ich eine der Lichtkugeln werfen sollte. Dies tat ich und die andere Person machte es mir nach.

Die beiden Lichtkugeln trafen gleichzeitig nebeneinander auf den Boden auf, und das Licht in ihnen „explodierte" und breitete sich wellenförmig aus. Es entstand eine „Lichtinsel" in meinem Heimatort und dessen Umgebung. Diese „Lichtinsel" konnte von der finsteren Wolke nicht mehr verschlungen werden (vgl. Joh 1,5). Mein Adler flog daraufhin weiter zu einem anderen Ort in Deutschland. Der zweite Adler flog in eine andere Richtung, sodass ich ihn aus den Augen verlor.

Am nächsten Ort kam der andere Adler wieder mit einer Person herbei, die ich ebenfalls nicht erkannte; es war aber offensichtlich jemand anderes als zuvor. Von oben warfen zuerst ich und dann die zweite Person ihre Lichtkugeln durch die dunkle Decke auf den Ort unter uns. Auch dort entstand wiederum eine „Lichtinsel", die, wie bei meiner Heimatstadt, nicht mehr von der Finsternis verschlungen werden konnte.

Diese Prozedur wiederholte sich so lange, bis ich alle zehn Lichtkugeln aus meiner Tasche abgeworfen hatte. Es waren jeweils andere Personen, die der zweite Adler zu den entsprechenden Orten brachte, um ebenfalls „Lichtkugeln" abzuwerfen. Am Ende flog der Adler mit mir ganz hoch in den Himmel über Deutschland, sodass ich einen guten Überblick über das ganze Land bekam. Ich konnte sogar ganz Europa sehen. Selbst von dieser Position weit oben war es möglich, die „Lichtinseln" zu erkennen. Sie leuchteten noch heller und intensiver als bei ihrer Entstehung. Soweit zu dieser Vision, die ich hier einfügen sollte.

Eine Reise durch Jerusalem

Wieder zurück im himmlischen Jerusalem, erklärte mir Jesus: „Dieses Mal kannst du dich oben auf den Königsadler setzen, du brauchst kein Tragegeschirr. Ich fliege auf dem anderen Adler mit und werde dir noch mehr vom himmlischen Jerusalem zeigen." Während sich die beiden Königsadler mit den goldenen Flügeln in die Luft erhoben, fragte ich etwas irritiert: „Jesus, du brauchst aber doch keinen Adler zum Fliegen, oder?" „Natürlich nicht", antwortete Jesus mir, „aber es bereitet mir Freude, dir auf diese Weise mehr von meiner Stadt zu zeigen. Außerdem ist diese Stadt mehrdimensional. So geht es schneller für dich, und du kannst mehr erkennen, als wenn wir zu Fuß unterwegs wären."

Da war es wieder, das Wort „erkennen". Erkennen bedeutet weit mehr, als etwas mit seinen fünf Sinnen zu erfassen. Bei den Gebäuden im himmlischen Jerusalem bedeutete es, nicht nur das Äußere zu sehen, sondern auch, wie sie entstanden sind und was die Absicht dahinter war. So fühlte ich mich sofort mit allen Gebäuden, die ich aus meiner Position auf dem Adler sehen konnte, übernatürlich verbunden, weil ich sie ganzheitlich erkannte. Das geht weit darüber hinaus, die Geschichte eines Gebäudes (seine Historie) und das Land, auf dem es steht (seine Geografie), zu erforschen.

Jesus dirigierte seinen Adler zu etwas hin, das aussah wie ein gigantischer, senkrechter Tunnel, und flog hinein. Mein Adler folgte ihm durch diesen Tunnel und sogleich waren wir auf einer anderen Ebene der Stadt angelangt. Auch auf dieser Ebene waren wieder jede Menge Gebäude zu sehen. Wäre dies eine irdische Stadt, so würde alles auf Grund der Schwerkraft kollabieren und einstürzen. Doch in dieser Stadt galten die Gesetze der Schwerkraft offensichtlich nicht so wie auf der Erde. Ich sah neben Engeln auch Menschen, wie sie durch die Tunnel von einer Ebene zur anderen wechselten.

Während des Fluges war ich sozusagen telepathisch mit Jesus verbunden. Was Jesus in Bezug zu mir dachte, konnte ich in meinem Geist hören. Umgekehrt konnte Jesus sowieso alle meine Gedanken lesen. Während wir über die Stadt flogen, teile er mir folgende Gedanken mit: „Die goldenen Steine von Jerusalem, aus denen hier alles gebaut ist, tragen eine flexible Schwerkraft in sich, sodass diese Bauten und die Tunnel deswegen Bestand haben. Sie sind intelligent miteinander vernetzt und passen die Schwerkraft untereinander an. Als „vollendeter Gerechter“ wirst du nicht mehr der Schwerkraft wie bisher unterworfen sein. Das geht jetzt noch nicht, deswegen benutzen wir die Adler.“

Es machte riesigen Spaß, mit Jesus und den Adlern durch die verschiedenen Ebenen der Stadt zu fliegen. Dies war vergleichbar einer Achterbahnfahrt, nur schier endlos. Wenn die größeren Gebäude es zuließen, flogen die Adler uns durch die Gebäude hindurch. Alle Menschen, die ich dabei wahrnehmen konnte, winkten uns freudestrahlend zu. Ein paar Baustile konnte ich erkennen, etwa ein griechisches Säulengebäude oder eine typisch japanische Bauweise. Doch viel, viel schöner, als es auf der Erde möglich gewesen wäre.

Nachdem wir gefühlt mehrere Stunden durch die Stadt geflogen waren, fragte mich Jesus: „Fällt dir auf, was hier fehlt?“ Nach einem Moment des Überlegens antwortete ich: „Ich sehe zwar mehrstöckige Gebäude, doch keine Hochhäuser oder Türme. Gibt es die hier nicht?“ „Nein, die braucht es nicht, es gibt Platz genug und keiner muss mehr hoch bis in den Himmel bauen, wir sind im Himmel! Einen Turm zu Babel wirst du an diesem Ort nicht finden.“ „Welche Sprachen sprechen die Menschen hier?“, fragte ich Jesus weiter. „Wenn sie wollen, können sie alle Sprachen sprechen, die es gab und die es derzeit auf der Erde gibt. Die Begrenzung der verwirrten Sprachen ist hier aufgehoben. Aber meistens sprechen sie meine Sprache des Himmels. Diese wirst du dann auch sprechen können, doch jetzt würde sie dich total überfordern.“

Einige der Tunnel waren anscheinend Tore in andere Dimensionen. Durch zwei dieser Tore konnte der Adler mit mir fliegen. Es gab noch andere Tore, die für mich aber nicht zugänglich waren. So wechselten wir öfters durch diese Tore zwischen dem Paradies mit seinen endlosen Weiten und vielen Tieren zu einem Rundflug um den Berg Zion. Mir wurde von Jesus noch mitgeteilt: „Es gibt auch Tore zu den Sternen, die sind allerdings derzeit für dich nicht passierbar. Dazu ist deine Transformation in mein Ebenbild noch nicht fortgeschritten genug.“ Am Ende der Reise landeten die beiden Adler auf einem Vorsprung auf dem Berg Zion. Jesus und ich stiegen von den Adlern herunter, und sie flogen davon.

Im verheißenen Land

Einige Zeit später konnte ich noch einmal durch ein Himmelstor an jenen Platz auf dem Berg Zion gelangen, von dem aus ich mit Jesus schon einmal auf das verheißene Land hatte blicken dürfen. Diesmal standen wir ganz vorne an der Plattform und blickten auf das verheißene Land hinaus. Ich fragte Jesus: „Gibt es einen Unterschied zwischen dem verheißenen Land, auf das wir gerade blicken, und dem Paradies? Wie schon im Paradies, kann ich auch hier viele blühende Landschaften erkennen."

„Allerdings gibt es einen wesentlichen Unterschied", antwortet Jesus mir. „Damit du diesen erkennen kannst, rufe ich wieder für uns die beiden goldenen Adler, die du ja schon von deiner Tour durch das himmlische Jerusalem kennst." Als Jesus das sagte, kamen schon die beiden Königsadler geflogen und landeten direkt neben uns. Wir setzten uns auf die Adler, und sie flogen vom Berg Zion aus in das verheißene Land. „Wo sind denn hier die Milch und der Honig", fragte ich Jesus, eher scherzhaft gemeint. „Milch und Honig stehen für die umfassende Versorgung, die ich euch über dieses Land zur Verfügung stelle. Du hast davon früher schon einige Puzzlestücke gesehen; dir sind jedoch die Zusammenhänge dazu noch nicht klar geworden.

Neben dem physischen Land Kanaan, welches das Volk Israel nach den vierzig Jahren Wüstenwanderung eingenommen hat, existiert das verheißene Land parallel auch in einer weiteren Dimension auf der Erde, im Gegensatz zum Paradies, das ja schon in den Himmel aufgestiegen ist. Dieses „verheißene Land" hat noch eine Aufgabe auf der Erde in der unsichtbaren Dimension zu erfüllen, bevor ich zum zweiten Mal wiederkomme. Was siehst du, wenn du in die Ferne blickst, Markus?" Die Adler flogen jetzt tiefer, sodass ich viel mehr Details auf dem Land erkennen konnte. „Ich sehe so etwas wie eine Burg oder ein Schloss. Jedenfalls handelt es sich um ein gemauertes Gebäude", erwiderte ich.

Jesus lächelte: „Das ist eines der sogenannten Heimatschlösser, denen du schon begegnet bist. Jedes Land auf der Erde hat ein zu ihm gehörendes Heimatschoss. Über diese Schlösser läuft unter anderem die Versorgung mit Waffen für den Kampf gegen die Mächte der Finsternis in jenem Land." Mittlerweile waren wir nähergekommen und die Adler landeten auf dem Vorplatz des Schlosses. Auf seinem Turm wehte die Fahne von Südafrika. „Das ist dann wohl das Heimatschloss von Südafrika", stellte ich überrascht fest. „An das Heimatschloss von Deutschland kann ich mich erinnern. Doch weshalb sind wir so weit bis nach Südafrika geflogen?"

Jesus erklärte mir dazu Folgendes: „Über dieses Schloss in Südafrika habe ich meinen Nachfolgern die Lehre und die Unterweisung von den Gerichtssälen des Himmels zuerst geschenkt. Da alle Schlösser über die himmlische Dimension miteinander verbunden sind, konnten sich die Offenbarungen und die Lehre weiter nach Nordamerika und von dort nach Deutschland verbreiten. Davon hast du auch persönlich sehr profitiert."

„Vielen Dank dafür, Jesus. Doch wie genau sind diese Schlösser miteinander verbunden und wie funktioniert die Kommunikation?" Erneut fragte mich Jesus: „Was siehst du, wenn du dich in der Umgebung umschaust?" Darauf sah ich mich genauer um und antwortete: „Ich erkenne mehrere befestigte und durch Schutzwälle gesicherte Wege, die von hier in alle Richtungen ausgehen. Des Weiteren kann ich in der Ferne noch so etwas wie Wachtürme sehen." Jesus ergänzte meine Beobachtungen: „Was du hier siehst, symbolisiert weit mehr als nur befestigte Wege. Sie stehen für die ‚Gürtel' oder ‚Bänder' der Erde. Durch diese Gürtel der Erde (Sprüche 31,17 und Psalm 93,1 deuten dies an) wird nicht nur die Erde zusammengehalten, sondern sind auch die Schlösser miteinander verbunden. Die Wachtürme stehen für Portale (Zugänge), durch die meine Nachfolger über diese Wege in das jeweilige Heimatschloss kommen können.

Der Feind hat die Gürtel der Erde fast komplett durch Ley-Linien[4] überlagert und ersetzt, um die Energien von den Gürteln der Erde für sich abzuziehen. Auch die Zugänge zu den ursprünglichen Wegen wurden überbaut, um die Verbindung der Heimatschlösser mit euch zu unterbinden. Diese Ersatzstruktur hat für euch nicht nur den Zugang zu den Heimatschlössern erschwert, sondern auch die Erde destabilisiert. Als Folge davon treten vermehrt Erdbeben, Vulkanausbrüche und Tsunamis auf. Ihr müsst die Gürtel der Erde unter der Anleitung und Begleitung

[4] Als *Ley-Linien* (auch *Heilige Linien*) werden von einigen Schriftstellern die geradlinigen Anordnungen von Landmarken, wie beispielsweise Megalithen, prähistorischen Kultstätten und Kirchen bezeichnet. Der Name leitet sich von Aufreihungen englischer Ortschaften mit den Endungen -leigh bzw. -ley (altenglisch für „Lichtung, Rodung") ab. Ihre Existenz wurde zum ersten Mal 1921 von dem britischen Hobby-Archäologen Alfred Watkins postuliert (Quelle: Wikipedia; abgerufen am 30.04.2020).

von Engeln freikämpfen. Dann werden die Heimatschlösser nicht mehr nur über die himmlische Dimension miteinander verbunden sein, sondern über die Gürtel der Erde auch mit den jeweiligen Ländern, denen sie auf der Erde zugeordnet sind, damit sie diesen Ländern dienen können. Dann funktionieren der Austausch und die Versorgung viel besser als bisher und weit mehr Menschen als derzeit können Zugang dazu finden. Über diese Heimatschlösser kann ich euch eine Fülle von himmlischen Gütern, die ihr für Erweckung braucht, zur Verfügung stellen. Manche Propheten haben die Lagerhäuser dieser Schlösser schon gesehen und darüber berichtet.

Einige der Heimatschlösser sind, zum Beispiel durch irdische Kriege oder Genozide, ebenfalls stark zerstört worden. Manche sind mittlerweile so verfallen, dass nur noch ein paar Fundamente davon übriggeblieben sind. Das siehst du im Irdischen daran, dass ganze Volksstämme und deren Kulturen ausgelöscht wurden. Wie konnte das passieren? Es hängt mit der Zerstörung ihres Heimatschlosses zusammen. Doch ihr Erbe, und sei es auch nur noch durch eine Ruine ihres Heimatschlosses repräsentiert, ist noch vorhanden und ihr könnt es wiederaufbauen und reaktivieren. Die Hochkulturen der Vergangenheit werden zwar nicht wieder physisch auferstehen, aber ihr könnt ihr reiches Erbe dennoch nutzbar machen. Viel altes Wissen ist verloren gegangen, aber ihr als meine Ekklesia, könnt über die Heimatschlösser darauf zugreifen. Alles wurde archiviert."

Ich erwiderte Jesus darauf hin: „Ich habe früher einmal Kutschen mit Schätzen aus der himmlischen Dimension gesehen. Diese wurden auf den Wegen zu den Versorgungsstationen aber meist von den Mächten der Finsternis angegriffen und ausgeplündert. Auch wirkten viele der Versorgungsstationen verfallen, so als ob sie lange Zeit nicht mehr benutzt worden wären. Ich bat damals natürlich um verstärkten Schutz der Kutschen mit den himmlischen Versorgungsgütern, doch viel geholfen hat das nicht. Wenn doch mal eine Kutsche durchkam, hatte ich Probleme, die Schätze von der himmlischen in die irdische Dimension zu überführen."

„Erst wenn die Ley-Linien komplett zerstört sind, könnt ihr die Schlösser und deren Versorgungsstationen gemeinsam mit Versorgungs- und Logistikengeln wiederaufbauen und reaktivieren“, beantwortete Jesus meine Frage. „Diese Versorgungsstationen sind ein Bestandteil des Versorgungssystems des verheißenen Landes für euch. Die Versorgung mit himmlischen Schätzen ist derzeit fast völlig zum Erliegen gekommen. So, wie damals, als Josua mit dem Kriegsvolk Israels unter der Leitung des HERRN der Heerscharen gemeinsam mit der himmlischen Armee das Land Kanaan im Kampf befreit hat, müsst auch ihr das entsprechend im Gebet tun. Der irdische Krieg um Kanaan ist ein Abbild für den geistlichen Krieg um das verheißene Land, das nicht nur für Israel da ist, sondern für alle meine Kinder. Erst dann können ‚Milch und Honig‘ vom verheißenen Land über die Heimatschlösser zu den Versorgungsstationen fließen. Vieles ist verfallen und vergessen. Wenn das Versorgungsnetz wiederhergestellt wird, kann eine Erweckung mit allen nötigen Mitteln und Waffen versorgt werden.

Ohne diese Verbindung mit dem verheißenen Land ist es euch nur schwer möglich, die Schätze wie Heilung, Kraft, Wundertaten und vieles mehr auf die Erde zu holen. Für eine Erweckung errichtet der Himmel immer auch eine Versorgungsstation mit Anbindung an ein Schloss. Bis zum heutigen Tag haben sich Menschen am HEILIGEN vergriffen oder es ersetzt (wie bei den Ley-Linien); aus den Erweckungen wurden tote Kirchen. Die Verbindung zum verheißenen Land und seinem Versorgungssystem wurde dadurch gekappt wie eine Nabelschnur. Du kannst es auch mit einem Brunnen mit lebendigem Wasser vergleichen, der austrocknet, weil kein Grundwasser mehr nachfließt. Doch alle Wege und Versorgungsstationen sind im Unsichtbaren noch da, sie müssen nur wiedergefunden, befreit und restauriert werden. Es ist eure Aufgabe als Ekklesia, dafür zu beten. Die Versorgung aus dem verheißenen Land steht jedem meiner Nachfolger potenziell zur Verfügung, wenn er nur diese Zusammenhänge versteht und diesen Weg geht. Wie das Volk Israel muss jeder, der mir nachfolgt, seine persönliche Wüste und den Jordan durchqueren und wie in Gilgal am Herzen beschnitten werden."

Mir war klar, dass es sich hier um eine wichtige Offenbarung handelte, die das Geheimnis der himmlischen Versorgung der Ekklesia betrifft. Nach langem Nachdenken bat ich Jesus: *„Ich bitte dich, Jesus, in deiner Eigenschaft als HERR der Heerscharen, uns die Strategien und Offenbarungen über diese Zusammenhänge zu schenken, sodass die Ley-Linien komplett zerstört und dadurch die Gürtel der Erde befreit werden, sodass darüber wieder ungehindert Kraft, Salbung und Versorgungsgüter von der himmlischen in die irdische Dimension fließen können. Lass bitte durch deine Versorgungs- und Logistikengel alle verfallenen und/oder vergessenen Schlösser, Versorgungsstationen und das dazugehörige befestigte Wegenetzwerk dazwischen wieder komplett aufbauen, restaurieren und dann aktivieren. Sollte sich nochmal irgendjemand unbefugt an diesem HEILIGEN vergreifen, dann bitte ich, dass ihn, wie damals bei Mose und Josua im Alten Testament bzw. Hananias und Saphira im Neuen Testament, sofort und unverzüglich das Gericht Gottes trifft – es sei denn, er kehrt öffentlich um und tut Buße. Stärke bitte deine Ekklesia und schenke ihr Offenbarung darüber, dass sie über den Jordan ins verheißene Land und durch die Herzensbeschneidung in Gilgal geht. Möge sie dies alles erkennen und in deinem Sinn für dein Königreich unter deiner Herrschaft nutzen. Im mächtigen Namen von Jesus Christus, dem fleischgewordenen Sohn Gottes aus Nazareth, bitte ich dies."*

Kapitel 4

Auf dem Weg zum Vater

In einer weiteren Vision war ich wieder auf dem Berg Zion. Die Bank der Herrlichkeit, über die ich zuletzt mit Jesus ins Paradies gelangte, konnte ich weiter unten am Berg erkennen. Offensichtlich waren wir jetzt höher in Richtung Gipfel gekommen. Jesus lächelte mich an und sagte: „Heute zeige ich dir den Weg zum Herzen des Vaters. Auch wenn du dir dessen nicht bewusst bist, ist dies das tiefste Verlangen in deinem Herzen. Der Vater hat dein Herz vor Grundlegung der Zeit geschaffen, und deswegen zieht es dich zu seinem Herz hin." „Zum Glück für mich, *bist du* der Weg zum Vater (vgl. Joh 10,10)", erwiderte ich. „Ja das stimmt", erwiderte Jesus, „ich bin der einzige Weg zum Vater, einen anderen gibt es nicht, denn ich bin der Sohn. Es gibt allerdings verschiedene Zugangspunkte, zu denen ich dich bringen kann. Du kannst sie auch Portale in deinem Herzen nennen, so wie es durch mich auch verschiedene Zugangspunkte zum Berg Zion gibt. Begehbar sind diese Wege zwischen den Portalen jedoch nur durch mich und mit meiner Hilfe und viel Trost vom Heiligen Geist. Ohne ein gewisses Maß an innerer Heilung durch den Heiligen Geist kannst du nicht zum Vaterherzen Gottes kommen."

Vor uns bildete der Berg gerade wieder eine Bank zum Sitzen. Jesus lud mich mit einer Geste ein, neben ihm Platz zu nehmen. „Doch ich erkenne, dass du noch eine wichtige Frage zum Anfang hast, bevor ich dich auf den Weg zum Vater leiten kann, Markus." „Hast du im Paradies den Baum der Erkenntnis von Gut und Böse gepflanzt?", fragte ich. „In 1. Mose 2,8-9 steht: *Und Gott der HERR pflanzte einen Garten in Eden gegen Osten hin und setzte den Menschen hinein, den er gemacht hatte. Und Gott der HERR ließ* ***aufwachsen*** *aus der Erde allerlei Bäume, verlockend anzusehen und gut zu essen, und den Baum des Lebens mitten im Garten und den Baum der Erkenntnis des Guten und Bösen.* An dieser Stelle steht über die beiden Bäume inmitten des Gartens etwas von aufwachsen, aber nichts von pflanzen."

Jesus erwiderte: „Nein, natürlich hat Gott den Baum der Erkenntnis von Gut und Böse dort nicht gepflanzt! (Vgl. Jak. 1,13: *Niemand sage, wenn er versucht wird, dass er von Gott versucht werde. Denn Gott kann nicht versucht werden zum Bösen, und er selbst versucht niemanden.)* Satan hat von dem ‚guten' Samen des von uns geschaffenen Baumes des Lebens genommen. Diesen Samen hat er verdorben mit seinem Gift von Stolz, Arroganz und Überheblichkeit und hat ihn dann neben den Baum des Lebens gepflanzt. Der Ursprung für beide Bäume war der gleiche gute Same, jedoch der eine unverdorben zum Leben und der andere verdorben durch Satan zum Tod. Im Paradies war die ursprüngliche Schöpferkraft Gottes noch voll wirksam. So konnte dieser Baum der Erkenntnis von Gut und Böse sehr schnell wachsen und Früchte tragen, sodass dann beide Bäume nebeneinanderstanden."

„Warum habt ihr das Aufwachsen des Baumes der Erkenntnis von Gut und Böse zugelassen?", fragte ich weiter.

„Die Menschen, repräsentiert durch Adam und Eva, mussten die freie Entscheidung zwischen Gehorsam und Ungehorsam und damit zwischen Leben und Tod haben, nur deshalb ließen wir es zu, dass Satan diesen Baum pflanzte und er aufwuchs. Ein freier Wille ist nur auf Basis von freien Entscheidungen möglich, daran hat sich bis heute nichts geändert. Die Beantwortung dieser und ähnlicher Fragen durch mich ist wichtig für dich, damit du glauben kannst, dass der Vater wirklich gut ist, vor allem zu dir ganz persönlich. Es reicht für dich nicht aus, dass ein Theologe oder andere Menschen dir diese Fragen beantworten; ich, der Sohn, muss es persönlich tun. Nur so kann sich dein Herz darauf einlassen.

Deinen Verstand davon zu überzeugen, reicht bei weitem nicht aus. Dein Herz, mit all seinen Verwundungen, muss es von mir selbst hören, dann kann es sich ganz zaghaft und vorsichtig darauf einlassen. Mit einem Herzen, das voll Furcht vor dem Vater ist, kannst du ihm nicht gegenübertreten, das könntest du nicht verkraften. Glaube mir, auf deinem Lebensweg konntest du kein Urvertrauen zu einem Vater aufbauen; deswegen rede ich mit dir darüber. Nur ich kann dir deine essenziellen Fragen in Liebe und Weisheit beantworten. Dabei passiert schon Heilung in deinem Herzen und neues Vertrauen baut sich wieder auf. Als neugeborenes Kind hattest du dieses Urvertrauen noch. Doch mit der Zeit hat es dir der Feind, direkt oder indirekt durch sündige Menschen, gestohlen. Ich gebe es dir Stück für Stück wieder zurück.

Erinnerst du dich an die erste Vision vom Vater, die ich dir geschenkt habe?" „Oh ja", antworte ich, „wie könnte ich jemals vergessen, als ich mit dem ‚kleinen Markus' zuerst mit dem Vater am Strand war und wie wir dann den Sternenhimmel zusammen beobachteten." „Der Vater sagte dir damals, du solltest deine Fragen an mich oder den Heiligen Geist richten", sagte Jesus dazu. „Der Vater hatte einen guten Grund dafür. Du hättest ihn damals nicht verstanden, weil dir das Urvertrauen in den Vater fehlte, dass er es gut mit dir meint. Dein Verstand hatte zwar schon kapituliert, aber in deinem Herzen war immer noch der Wunsch, für den Vater zu ‚arbeiten' um sich seinen Segen, seine Anerkennung zu verdienen.

Dein Verstand wusste natürlich, dass dies nicht möglich ist, aber dein Herz klammerte sich noch immer verzweifelt daran. Du warst von deinem Herzen her gleich dem älteren Sohn aus dem Gleichnis von dem verloren Sohn (vgl. Lk 15,25-31). Deswegen habe ich das Gleichnis erzählt. Viele können meinen Aussagen in dem Gleichnis mit ihrem Verstand zustimmen, aber ihr Herz fühlt und denkt ganz anders als der Kopf. Auch du musst erleben, dass der Vater dich umarmt und zärtlich küsst; dann kann auch dein Herz glauben, dass der Vater dich wirklich liebt. Als Sohn bin ich die Manifestation der Liebe des Vaters von ganzem Herzen. Wenn dein Herz nicht in die Liebe des

Vaters eingetaucht ist, kann es das nicht glauben; zu tief sind die Verletzungen, die deinem Herzen zugefügt wurden.

Nur wenn dein Herz im Herzen des Vaters verankert ist, verschwinden die Zweifel. Dies ist dann völlig unabhängig von dem, was auf der Welt um dich herum passiert. Weder Gutes noch Schlechtes können dich dann von der Liebe des Vaters trennen (vgl. Röm 8,39). Auch dass du Gott als den gerechten Richter kennengelernt hast, hat viel dazu beigetragen, die Furcht vor dem Vater und die Zweifel an ihm zu überwinden. Doch nun ist die Zeit für dich gekommen, den Vater näher kennenzulernen. Dies ist mein Herzenswunsch an dich und für dich. Erhebe dich nun und gehe den Weg weiter. Denke immer daran: Ein Weg ist nur dann ein Weg, wenn du ihn gehst. Stehen zu bleiben, ist immer ein Rückschritt. Ich habe das Portal (den Zugangspunkt) zum Herzen des Vaters für dich jetzt aufgeschlossen."

„Vielen, vielen Dank, Jesus, für dieses Gespräch, nun kann ich zuversichtlich weitergehen", rief ich, als ich mich von der Bank erhob und den Weg weiterging – mit gemischten Gefühlen. Mein Innerstes wollte den Vater unbedingt näher kennenlernen, doch waren immer noch Zweifel und Furcht vor dem Vater in mir. Zum Glück gab mir der Heilige Geist Kraft und Motivation, um den Weg dennoch weiterzugehen. Auch half mir die Erinnerung an meine erste persönliche Begegnung mit dem Vater.

Plötzlich, wie aus dem Nichts, tauchte vor mir ein goldenes Tor auf, das zwei halbgeöffnete Flügel hatte, die über und über mit Edelsteinen besetzt waren. Den Weg hinter dem goldenen Tor konnte ich nicht erkennen. Auf der Innenseite des Tores befand sich ein farbenprächtiger Vorhang. Dieser versperrte mir den weiteren Blick. „Nun denn, wieder mal allen Mut zusammennehmen", dachte ich bei mir und schritt beherzt durch das Tor. Der Vorhang war eigentlich kein Vorhang; er sah von meiner Seite nur so aus. Es war eigentlich ein Übergang in eine andere Dimension. Indem ich hindurchging, verbanden sich die Farben des Vorhangs irgendwie mit mir. Vor mir tauchte ein Gang auf, der tief in das Innere des Berges Zion führte. Alles strahlte in einem überirdischen Licht. Natürlich waren die Wände auch lebendig. Der Tunnel war wie die manifestierten Gefühle des Vaters (vgl. Jer 29,11). Während ich hindurchging, übertrugen sich diese Gefühle auf mein Innerstes. Als Erstes ging ich durch Freude, dann durch Liebe, durch Annahme, durch Hoffnung und vieles mehr. Auf diesem „Weg der Gefühle und Gedanken des Vaters über mich" (um es besser zu beschreiben, fehlen mir die Worte) floss immer mehr Heilung in mein Herz hinein und dadurch wichen Furcht und Zweifel von mir.

Im Herzen des Vaters

Zuerst bemerkte ich gar nicht, dass jemand neben mir herlief, so fasziniert war ich von diesem Weg zum Herzen des Vaters. Es war der himmlische Vater persönlich. Zuerst umarmte und küsste er mich zärtlich. Mein Herz setzte ein paar Schläge lang aus, um dann desto schneller zu schlagen. Nach einiger Zeit löste der Vater die Umarmung wieder und nahm mich an der Hand und sagte zu mir: „Wir gehen jetzt zusammen in das Vaterherz Gottes, in mein Herz hinein." Durch die Umarmung des Vaters beruhigte sich mein ängstliches Herz wieder und durch den Kuss des Vaters wich die Angst vor ihm von mir.

So gingen wir zusammen den herrlichen Gang weiter, noch viel, viel tiefer in den Berg Zion hinein, und landeten schließlich in einer Halle mit unzähligen Türen. „Davon", erläuterte mir der Vater, „sprach mein Sohn in Johannes 14,2: ***Im Hause meines Vaters sind viele Wohnungen. Wenn es nicht so wäre, würde ich euch gesagt haben: Ich gehe hin, euch eine Stätte zu bereiten?*** Diese haben wir für euch Menschen in meinem Herzen bereitet. Ihr seid herzlich eingeladen, jetzt schon an diesen Ort zu kommen und nicht erst dann, wenn ihr verstorben seid!" Mein Verstand sagte bei diesen Worten wieder mal „und tschüss ...", weil es seine Vorstellungskraft überstieg, dass ich mich mit dem Vater in seinem Herzen befand, was irdisch gesehen mehr als unmöglich ist.

Als wir von dem Gang in die Halle eintraten, veränderte sich die Atmosphäre erneut. Es war hier viel wärmer und gemütlicher als in dem Tunnel zuvor. Ich wusste sofort, dass hier die

Ruhe und der Schalom Gottes präsent waren (vgl. Hebr 3 und 4). Mehr noch – das Herz Gottes schien daraus zu bestehen. Der Vater ging mit mir durch eine der Türen, auf der zu meinem Erstaunen mein Name geschrieben stand. Dahinter befand sich ein gemütlich eingerichteter Raum, vergleichbar einem Wohnzimmer. Mir fiel besonders eine breite Hängematte mit einer wunderschönen Decke darin auf. Dass mir Jesus laut der Bibel eine Wohnung im himmlischen Jerusalem bereitet hatte, daran erinnerte ich mich. Könnte es sein, dass es im Himmel mehrere Wohnungen für mich gibt? Unter anderem eine im Herzen des Vaters. Der Vater forderte mich auf, ich solle mich doch in diese Hängematte legen.

Also legte ich mich in die Hängematte, während der Vater seine rechte Hand über mich erhob. Dabei verwandelte sich seine Hand in pures Licht, angenehm warm und gar nicht blendend. Herrlichkeit strömte aus seiner Hand, aber eigentlich aus seinem ganzen Wesen. Er griff in mich hinein und holte mein Herz aus mir heraus. Das war nicht mein physisches Herz; es tat auch überhaupt nicht weh. Er hielt dann mein Herz in seinen beiden geöffneten Händen ans Licht. Währenddessen flossen Ströme lebendigen Wassers und flüssiges Licht aus seinen Händen auf mich herab. Er vollendete den Austausch meines Herzens gegen ein neues Herz. Dieses neue Herz leuchtete dann wie die Hände des Vaters und er legte es vorsichtig wieder in mich hinein. Das ist anscheinend das, was der Prophet Hesekiel gesehen hat: ***Und ich (Gott der Vater) will euch ein neues Herz und einen neuen Geist in euch geben und ich will das steinerne Herz aus eurem Fleisch wegnehmen und euch ein fleischernes (leuchtendes) Herz geben*** (Hes 36,26). Das war nun die Operation am offenen Herzen! Das hatte ich nicht erwartet. In einer Hängematte! Ich dachte noch, hoffentlich ertrinke ich nicht bei so viel Wasser; es handelte sich ja um kein natürliches, sondern um lebendiges Wasser. Weil dieses Wasser den Atem Gottes in sich trägt, ist es möglich, ohne Probleme darin zu atmen.

In diesem „Wohnzimmer" erlebte ich mit dem Vater zu einem anderen Zeitpunkt noch etwas anderes, das ich berichten möchte: Bei dieser Gelegenheit befand sich keine Hängematte mit

Decke darin, sondern ein Sofa, ein Tisch, ein Stuhl und ein Bücherregal. Der Vater saß auf dem gemütlichen Sofa und sagte zu mir, ich solle auf dem Stuhl ihm gegenüber Platz nehmen. Ich setzte mich, und der Vater forderte mich auf, mich in diesem Raum einmal genauer umzusehen. Ich schaute mich also um und nahm wieder wahr, wie alles von innen heraus leuchtete – sowohl der Tisch als auch die anderen Möbel, und sogar die Wände leuchteten. Der Vater erklärte mir dazu, dass auch in diesem Raum alles lebendig sei und deswegen leuchten und sich auch verändern könne, genauso wie der Berg Zion und das Paradies. Der Raum leuchtete in verschiedenen Farben und mit unterschiedlicher Intensität.

Ich fragte den Vater: „Warum sitze ich auf einem Stuhl dir gegenüber?" „Du sitzt in meinem Herzen mir direkt gegenüber, weil du mein Sohn bist. Wenn du Trost brauchst oder dich fürchtest, kommst du eher wie ein kleines Kind auf meinen Schoß oder in meine Arme. Aber als einem mir gegenübersitzenden Sohn offenbare ich dir Geheimnisse, die nur für einen Sohn bestimmt sind. Der Heilige Geist lehrt dich beständig, indem er mit dir auf dem Weg redet, und mein Sohn Jesus lehrt dich, während du ihm nachfolgst. In meinem Herzen kann ich dir meine Vater-Geheimnisse offenbaren."

Da nahm der Vater ein Buch aus dem Regal und legte es vor mich auf den Tisch, und auch dieses Buch leuchtete auf seine Weise. Allein schon das Bild auf dem Einband war so wunderschön, dass ich kaum wagte, das leuchtende Buch zu öffnen. Der Vater lächelte mich an und sprach: „Wenn du ein Buch aus diesem Raum liest, dann ist auch das lebendig. Du liest die Geschichte darin nicht nur, sondern du stehst mitten darin. Die Geschichte dieses Buches entfaltet sich fortlaufend in dir, und so bist du ein Teil von ihr. Deswegen werden die Bücher hier nicht bis zum Ende fertig geschrieben."

Dann lenkte der Vater meinen Blick noch auf eine andere Seite des Raumes. Dort sah ich ein Bild, das fast die ganze Wand ausfüllte. Auf dem Bild befand sich ein großer See mit Bergen im Hintergrund und einem Bootssteg. Der Vater forderte mich auf, mit ihm zusammen zu diesem Bild zu gehen. Mit jedem

Schritt wurde das Bild lebendiger bzw. realer, und wir konnten schließlich beide auf dem Bootssteg in Richtung Wasser gehen. „Wie geht das?", fragte ich den Vater, „ist das eine Simulation, wie ich sie aus Science-Fiction-Filmen als sogenanntes Holodeck[1] kenne?" Der Vater lachte und sagte: „Nein, dies ist keine Simulation, dies ist die Realität der unsichtbaren Welt. Du befindest dich nicht auf einem Holodeck. Dein ‚normales' Leben auf der sichtbaren Seite der Welt ist weit mehr eine Matrix-Simulation[2], als es dir derzeit bewusst ist. Das heißt, die irdische Realität ist nicht so ‚wirklich', wie sie zu sein scheint. Glaube und vertraue mir, das hier ist ganz real für dich.

Betrachte doch jetzt einmal genauer das Wasser im See", forderte der Vater mich auf. Ich schaute auf das Wasser und auch das Wasser leuchtete aus sich selbst heraus, ganz so wie das Wasser vor der Wasserwand am Berg Zion. Es war keine Reflektion der Sonne oder einer anderen Lichtquelle. Ich bückte mich und schöpfte mit beiden Händen etwas Wasser aus dem See. Als ich aufstand, rann das Wasser aus meinen Händen herab. Auch in meinen Händen leuchtete es, mehr noch, es funkelte wie Diamanten. „Das ist ebenfalls lebendiges Wasser, mein Sohn. Tief in meinem Herzen, tief im Berg Zion, ist die ursprüngliche Quelle des lebendigen Wassers. Springe ruhig in das Wasser hinein", forderte der Vater mich auf.

Für einen Moment zögerte ich, weil mir der Gedanke kam, ich würde dieses Wasser verunreinigen, wenn ich mit meinen Klamotten hineinspränge. Der Vater kannte natürlich meine Gedanken und sagte zu mir: „Lebendiges Wasser kannst du nicht verunreinigen. Wenn du hineinspringst, reinigt es dich, genau

---

[1] In den Star-Trek-Serien wird das *Holodeck* als ein Raum dargestellt, in dem beliebige virtuelle Welten mittels einer Kombination aus Holografie- und Replikatoren-Technik simuliert werden können. Im Unterschied zu tatsächlich existierenden Virtuelle-Realität- und CAVE-Systemen können die dargestellten Umgebungen, Gegenstände und Personen aber nicht nur visuell und akustisch, sondern auch haptisch realistisch wahrgenommen werden, sodass beim Benutzer ein Gefühl völliger Immersion (Realität) erzeugt wird (Quelle Wikipedia; abgerufen am 30.04.2020).

[2] Anspielung auf den Science Fiction Film „Matrix" aus dem Jahr 1999 mit Keanu Reeves und Laurence Fishburne in den Hauptrollen (Quelle: Wikipedia).

wie deine Kleider. Es bleibt kein Schmutz zurück, nur reines, lebendiges Wasser." Umso besser, dachte ich bei mir und sprang hinein. Das war ganz anders als natürliches Wasser. Das Wasser durchdrang wieder komplett meinen Körper und erfrischte jede einzelne Zelle; diesmal anscheinend noch tiefer als beim ersten Mal. Ich brauchte das lebendige Wasser nicht einmal zu trinken. Die Dichte war völlig anders als bei natürlichem Wasser – und ich konnte unter Wasser atmen. Es war der Atem Gottes und das lebendige Wasser zugleich, einfach herrlich.

Nachdem ich mich eine Zeit lang in diesem Wasser befand, leuchtete auch ich von innen heraus. Der Vater beugte sich auf dem Bootssteg zu mir herunter und streckte mir seine rechte Hand entgegen, sodass ich wieder aus dem lebendigen Wasser heraussteigen konnte. Normalerweise wäre ich, wenn ich im Natürlichen in einen See gesprungen wäre, klitschnass und triefend aus dem Wasser gestiegen. Doch an diesem Ort verhielt es sich anders, weil ich ein Teil des Wassers geworden war. Ich musste mich weder umziehen noch abtrocknen, aber das ist schwer zu erklären. Der Vater brachte mich zurück in das „Wohnzimmer", und wir setzten uns wieder.

„Nur in meinem Herzen kannst du im lebendigen Wasser bleiben", erklärte mir der Vater. „Du musst in enger Verbindung zu mir stehen, denn ohne eine enge und intime Verbindung geht das nicht. Selbst dann, wenn du mit einer Quelle lebendigen Wassers in Berührung kommst und davon trinkst, kannst du es doch nicht halten. Du bist ohne mich wie eine löchrige Zisterne mit altem, stinkendem Brackwasser. Nicht gerade ein Wohlgeruch – weder für dich noch für andere Menschen. Denke an Jeremia 2,13: ***Denn zweifach Böses hat mein Volk begangen: Mich, die Quelle lebendigen Wassers, haben sie verlassen, um sich Zisternen auszuhauen, rissige Zisternen, die das Wasser nicht halten.*** Nur durch meine Gegenwart bleibt das Wasser in dir lebendig. Dann, und erst dann, können lebendige Ströme des Wassers von dir fließen (vgl. Joh 7,38), so wie es bei meinem Sohn Jesus der Fall war, als er auf der Erde war. Seine stets enge Verbindung zu mir hat ihm dies ermöglicht."

Meine wichtigste Frage an den Vater

Ein weiteres Mal folgte ich im Gebet der Einladung des himmlischen Vaters, in den Raum seines Vaterherzens zu kommen. Wieder saß ich dem Vater gegenüber am Tisch. Der Vater gab mir mit einer Geste zu verstehen, ich solle mich im Raum umsehen. Der Raum leuchtete nicht mehr ganz so intensiv von der Herrlichkeit Gottes, wie es beim letzten Mal der Fall gewesen war. Es wirkte so, als wäre das Licht etwas heruntergedimmt. Diesmal standen vor mir auf dem Tisch ein größerer Tonkrug und ein Becher, ebenfalls aus Ton. Auch diese Gefäße leuchteten, wobei der Tonkrug mit einer leuchtenden Flüssigkeit gefüllt war. Der Vater goss die leuchtende Flüssigkeit aus dem Tonkrug in den Becher und reichte ihn mir mit den Worten herüber: „Trinke wiederum das lebendige Wasser, du wirst es brauchen." Dankend trank ich das lebendige Wasser, das dann auch mich leuchten lies.

„Heute darfst du mich fragen, was dich am meisten bewegt", fuhr der Vater fort. Ich überlegte kurz und fragte ihn dann: „Wer bin ich?" Ohne zu zögern antwortete der Vater: „Du bist mein Ebenbild, mein Sohn. Wenn ich dich ansehe, sehe ich einen Teil von mir selbst. Deshalb liebe ich dich, und darum bist du in meinem Herzen." Ich dachte lange über diese Antwort nach und erwiderte schließlich: „Warum kann ich dich dann im Allgemeinen nur so undeutlich sehen? Ich weiß, dass ich durch die Sünde nur ein verzerrtes Ebenbild von dir bin und leider in mir nur so erschreckend wenig von dir sehe."

Der Vater lächelte, nahm meine Hände liebevoll in die seinen und sagte: „Vor Grundlegung der Welt habe ich dich bereits geschaffen. Du warst ein sehr guter Gedanke von mir! Das ist deine wahre Identität. Du kannst dir das so vorstellen, wie in einem Märchen: Du bist zwar ein Sohn des Königs, wurdest aber gleich bei deiner Geburt von der königlichen Familie hinweggeraubt, in einen finsteren Wald mit wenig Licht und viel Nebel verschleppt und bist wie unter wilden Tieren aufgewachsen. In euren menschlichen Legenden habt ihr eine Menge solcher Geschichten, in denen dies thematisiert ist.

Du hast nie die Sprache der Liebe kennengelernt, die wir im Himmel sprechen. Wie wir als Vater, Sohn und Heiliger Geist miteinander in Liebe umgehen, hast du auf Erden nicht gesehen und vor allem nie erlebt. All das musst du erst neu wie ein Kind lernen, aber nicht nur theoretisch; du sollst es praktisch erfahren. Deswegen sagte mein Sohn Jesus, dass ihr umkehren und wie die Kinder werden müsst, sonst könnt ihr mein Reich nicht erkennen und nicht in meinem Herzen wohnen. Deswegen siehst du so wenig von mir in dir; es ist aber vorhanden, sonst könntest du gar nicht an diesen Ort kommen. Du bezeichnest das als unscharf sehen. Diese ‚Unschärfe' geht aber viel tiefer, wie ich dir jetzt erklären kann. Je weiter deine Verwandlung zurück in mein Bild fortschreitet, desto mehr kannst du sehen, und desto mehr kann ich dir erklären."

Das, was der Vater mir da offenbart hatte, berührte mich sehr tief in meinem Herzen. Eine Welle von Licht, Wärme und Annahme flutete während dieses Gespräches vom Vater über seine Hände zu mir herüber und in mein Herz hinein. Das war noch weit intensiver als vorher in dem Tunnel durch den Berg Zion. „Kann ich diese Verwandlung irgendwie beschleunigen?", fragte ich den Vater. „Ich vermute mal, ich kann das nicht durch irgendein Tun erreichen, oder?" Mir kamen gerade nicht sehr schöne Gedanken an meine eigene Kindheit und die Zeit in der Schule in den Sinn.

„Das Einzige, was du ‚tun' kannst, ist, dich darauf einzulassen und in meine Gegenwart zu kommen. Jede persönliche Begegnung (Erfahrung) mit mir, dem Vater, Jesus, meinem Sohn oder dem Heiligen Geist, verändert dich und schärft deine Wahrnehmung. Komm mit der Herzenshaltung eines Kindes, das nichts Schöneres kennt, als durch diese Erfahrung zu lernen", antwortete der Vater mir.

„Vater, finde ich deine Gegenwart nur hier, an diesem Ort?"

„Nicht nur. Für dich ist dies der Ort, an dem du gerade am meisten lernst, weil du dich in meinem Herzen zu Hause fühlst. Es gibt jedoch weitere Orte wie den Berg Zion, das himmlische Jerusalem und das Paradies. Dort warst du auch schon, und mit jedem ‚Besuch' wirst du diese Orte mehr verstehen. Du hast eine

Ewigkeit lang dafür Zeit, und die Ewigkeit wirst du auch dafür brauchen", führte der Vater weiter aus.

„Das sind ja tolle Aussichten!", platzte ich heraus. „Mich interessiert noch brennend die Frage nach der Kraft des Heiligen Geistes. Ich sehe so wenig davon an mir und in den christlichen Versammlungen, die ich besuche."

Der Vater schaute mir tief in die Augen und sagte dann: „Diese Kraft kann nur in den Lebenden wirken. Die Apostel und die ersten Jünger waren ganz eng mit Jesus zusammen gewesen. Und Jesus ist das Leben. Durch ihn habe ich alles geschaffen, natürlich auch das irdische Leben. Weil sie jahrelang mit Jesus, dem Leben, zusammen gewesen waren, waren sie vom Tod in das Leben zurückgekehrt. Wie bei Adam und Eva, bevor ich sie aus dem Paradies vertreiben musste. Als nun die Kraft des Heiligen Geistes an Pfingsten auf sie kam, konnten sie diese Kraft halten und weitergeben. Dieser Kraft konnte bei Jesus nicht einmal der Tod widerstehen. Diese Kraft des Lebens hat ihn vom Tode wieder auferweckt. Heutzutage empfangt ihr das neue Leben bei eurer Wiedergeburt. Dies ist aber nur der Anfang eurer Transformation, ausreichend ist dies jedoch nicht, um das Königreich Gottes in seiner Fülle zu erleben.

Momentan ist nur noch wenig echtes Leben in euch Menschen zu finden, wenn überhaupt. Du kannst dies durchaus mit der Vision der vertrockneten Knochen vergleichen[3], die der Prophet Hesekiel durch mich erlebt hat (vgl. Hes 37). Durch deine Entscheidung, Jesus nachzufolgen, begannen deine Knochen wieder in die richtige Ordnung zu kommen. Durch solche Begegnungen mit mir und Jesus und dem Heiligen Geist, wie dieses Gespräch gerade jetzt zwischen uns, kommt Fleisch auf die vertrockneten Knochen. Je öfter du in die Gegenwart Gottes kommst, desto lebendiger wirst du. Oder, um in der Bildsprache zu bleiben, desto mehr Fleisch kommt auf die Knochen. Dies ist ein Prozess, der bei jeder Begegnung mit Gott weiter voranschreitet.

---

[3] Frank Krause, „Death Valley – Im Tag der deutschen Knochen", GloryWorld-Medien, 2018.

Dadurch bildet sich mehr Substanz auf den Knochen und der neue Mensch wird in Christus geschaffen (vgl. 2 Kor 5,17).

Durch die Begegnungen mit mir bildet sich dieser neue Mensch. Er ist das Gefäß, in das ich dann die Fülle des Geistes und damit auch die Fülle der Kraft des Heiligen Geistes gießen kann. Dann kannst du diese Kraft in größerer Fülle halten und auch weitergeben. Der alte Mensch war dazu nicht geeignet. Würde die Fülle des Heiligen Geistes in den alten Menschen gegossen werden, könnte er es nicht halten, und das brächte die Kraft schnell wieder zum Versiegen. Das neue Leben braucht ein neues Gefäß. Seine Bildung hat mit der Wiedergeburt begonnen. Du brauchst noch viel mehr Reife, damit du mit der Fülle der Kraft umgehen kannst. Bete weiter um die Fülle der Kraft – das ist ein gutes Gebet, das aus meinem Herzen kommt. Erweitere es um die Bitte nach mehr Leben und Salbung. Das zusammen ist das wichtigste Gebet für dich. Das beschleunigt die Transformation, dann kann auch die Salbung zum Dienst zunehmen. Sie lehrt und befähigt dich, mit der Kraft umzugehen. Natürlich brauchst du auch dann noch immer ‚Nachschub' an lebendigem Wasser, das du in der Gemeinschaft mit Gott empfängst. Auf diese Weise wird ein neuer Schlauch mit neuem Wein gefüllt und beide werden lebendig gehalten (vgl. Mk 2,22)."

Die Lochbrillenvision

Nicht lange danach betete ich zusammen mit meinem Freund für eine Person (ich nenne sie im Folgenden „Michael" – Name geändert). Dabei hatte ich folgende Visionen. Die Frage von Michael an Gott lautete: Warum bin ich auf dieser Welt? Oder anders ausgedrückt: Was ist meine Bestimmung?

Zuerst sah ich Michael auf dem Schoß des himmlischen Vaters sitzen. Der Vater saß auf seinem Thron; vor ihm stand ein leerer Tisch. Er sagte zu Michael: „Mein Sohn, du möchtest deine Bestimmung wissen; das ist eine gute Frage. Ich werde mit dir zusammen in deinem Buch des Lebens lesen; darin kannst du deine Bestimmung entdecken." Er wies einen der Engel an, das Buch des Lebens von Michael aus dem himmlischen Archiv zu holen. Der angesprochene Engel holte das Buch sofort herbei und legte es vor die beiden auf den Tisch. Der Vater blätterte in dem Buch zu der Seite, auf der er vor Grundlegung der Welt die Bestimmung von Michael notiert hatte. Dann drehte der Vater das Buch um und legte es Michael vor. „Was siehst du, mein Sohn?“, fragte er Michael. „Tut mir leid, mein Vater, ich sehe da gar nichts!“ „Das wundert mich nicht, mein Sohn. Du hast ja noch jede Menge Lochbrillen[4] auf; dadurch siehst du natürlich kaum etwas!“

„Michael, darf ich dir denn diese Brillen abnehmen?“, fragte der Vater. „Ja, gerne darfst du das, ich kann ja sonst nichts erkennen.“ So nahm der Vater Michael eine Lochbrille nach der anderen von seiner Nase ab. Der Vater hielt jede einzelne Brille einen Moment lang hoch, sodass ich sie in der Vision genauer sehen konnte. Die erste Brille hatte nur wenige Löcher, die nicht rund, sondern dreieckig waren. Ein Engel, der an meine Seite getreten war, erklärte mir, dass dies die religiöse Brille sei. Ich nehme an, der Vater hielt die Brille deswegen eine Zeitlang hoch, damit ich mir gerade diese näher ansehen konnte. Bei der nächsten Brille hatten alle Löcher die Form eines Notenschlüssels. Das machte mir klar, dass es sich hier um die Musiker- bzw. Lobpreisbrille handelte.

Der Vater nahm Michael weitere Brillen ab, bis keine mehr übrig blieb. Jetzt konnte Michael erstmals ungefiltert das Buch

---

[4] Bei Lochbrillen ist das Glas durch ein schwarzes Kunststoffteil ersetzt, in das kleine Löcher gebohrt wurden.

erkennen. Er sagte: „Vater, ich sehe jetzt zwar das Buch aber die Buchstaben sind immer noch verschwommen.“ „Mein Sohn“, antwortete der Vater, „du hast diese vielen Brillen schon so lange getragen, da ist es klar, dass dir das Erkennen schwerfällt.“ Vor den beiden auf dem Tisch lag immer noch das Buch des Lebens von Michael und daneben lagen jede Menge Lochbrillen.

Da sagte der Vater zu dem Engel, der das Buch aus dem Archiv geholt hatte: „Michael braucht jetzt noch Augensalbe; hole doch bitte etwas von der zehnprozentigen. Zehn Prozent reichen aus, mehr würde Michael im Moment überfordern.“ So ging der Engel fort und kam mit einer Dose zurück, auf der in goldenen Buchstaben „zehnprozentige Augensalbe“ geschrieben stand. Der Vater öffnete die Dose, nahm etwas davon und strich die Salbe Michael vorsichtig auf seine geschlossenen Augen. Dann, nach einer kurzen Einwirkzeit, lasen sie zusammen in Michaels Buch des Lebens. Bei dieser Vision musste ich an Psalm 139,16 denken: ***Als ich gerade erst entstand, hast du mich schon gesehen. Alle Tage meines Lebens hast du in dein Buch geschrieben – noch bevor einer von ihnen begann!***

Nach dieser Episode mit den Lochbrillen ging es an einem anderen Ort weiter. Ich sah Michael jetzt nicht mehr auf dem Schoß des Vaters sitzen, sondern umgeben von einem schwarzen, dreidimensionalen Spinnennetz. Die schwarzen Fäden der Spinnen waren unterschiedlich dick und schienen alle in seinem Körper in der Gegend seines Herzens zusammenzulaufen. Der Engel, der mir schon beim Erkennen der Lochbrillen geholfen hatte, stand immer noch neben mir und sagte: „Dies ist ein Bild für die Lügenmatrix, die Michael umgibt. Es ist ein Gespinst aus lauter Unwahrheiten, und die schwarzen Fäden enden alle in seinem Herzen.“ Ich fragte den Engel: „Wie kommt Michael aus der Lügenmatrix heraus? Die Fäden enden ja alle in ihm; sie einfach abzuschneiden, wird wohl nicht ausreichen.“

„Schau zu und lerne, wie wir Engel das im Auftrag des Vaters machen“, belehrte mich der Engel. Ich sah einen weiteren Engel zu Michael kommen, den ich hier einmal den „Anti-Matrix-Engel“ nenne. Er nahm Michael bei seinen Hüften, hob ihn mit seinen starken Armen hoch und stellte ihn circa einen Meter weiter weg wieder ab. Jetzt stand Michael sozusagen neben sich; die Spinnenmatrix blieb an der gleichen Stelle wie zuvor. Jetzt konnte ich erkennen, dass sich alle Fäden in einem schwarzen Klumpen trafen, genau an der Stelle, an der sich vorher Michaels Herz befunden hatte.

Doch, wie gesagt, Michael stand jetzt an einer anderen Stelle, frei von der Lügenmatrix der Spinnen. Jetzt kamen noch weitere Engel herbei, um Michael zu dienen. Der „Anti-Matrix-Engel" nahm den schwarzen Klumpen in seine Hände und die anderen Engel zogen an den einzelnen Spinnfäden so stark, dass sie rissen. Da sie alle unter Spannung in Richtung des schwarzen Klumpens im Zentrum standen, wurden sie beim Zerreißen in den Klumpen hineingezogen. Dann implodierte der schwarze Klumpen vollständig, sodass nichts mehr davon in den Händen des Engels übrig blieb.

Dann ging der „Anti-Matrix-Engel" wieder zu Michael hin, hob ihn hoch und stellte ihn exakt an die Stelle zurück, an der er vorher gestanden hatte. Ich schaute den Engel neben mir fragend an, der mir dazu Folgendes erklärte: „Jetzt ist Michael frei von der Lügenmatrix, ohne dass die Matrix weiteren Schaden bei den Menschen anrichten konnte, mit denen er über die dunklen Fäden verbunden war. Wäre sie explodiert, wären andere in Mitleidenschaft gezogen worden. So ist sie in sich zusammengefallen und verschwunden, ohne weiteren Schaden anzurichten. Nun wird Michael lernen müssen, ein neues Beziehungsnetz aufzurichten, das nicht auf Lügen gegründet ist." Dann gingen die Engel und die Vision endete.

Der Ursprung der Lügenmatrix

Als ich wieder einmal einer Einladung des Vaters in sein Herz gefolgt war, erklärte er mir die Vision von den Lochbrillen und die Funktion der Lügenmatrix näher. Wir saßen uns wieder gegenüber und der Vater sagte mir Folgendes: „Diese Vision der Lochbrillen war nicht nur für Michael, sondern ebenfalls für dich. Sie zeigt deinen Zustand, bevor du dich auf den Weg zu mir gemacht hast und meinen Segen ausschließlich durch Arbeit für mich verdienen wolltest. Auch du musstest von der Lügenmatrix gelöst werden. Du hattest sogar noch mehr Lochbrillen auf als Michael, die dir den Zugang zur Wahrheit versperrt hatten. Das Gefährliche an den Lochbrillen ist, dass sie ein bisschen Licht bzw. Wahrheit durchlassen; nicht alles daran ist Lüge. Wäre das, was du siehst, komplett gelogen, könntest du es leicht durchschauen. Um die Wahrheit von den Lügen zu unterscheiden, brauchst du das Gespräch mit mir. Der Ursprung der Lügenmatrix ist der Schlangenengel, also Satan, im Garten Eden. Als die Schlange mit Adam und Eva sprach, begründete sie sozusagen die Version 1.0 der Lügenmatrix."

Der Vater informierte mich weiter: „Das Gift des Baumes der Erkenntnis von Gut und Böse tat sein Übriges, und daran hat sich bis heute nichts geändert. Satan hat die Lügenmatrix im Laufe der Zeit an die neuen Gegebenheiten angepasst. Besonders gut sichtbar wurde es, als mein Sohn auf diese Welt kam. Satans Lügenmatrix (vgl. Joh 8,44) brauchte ein paar Generationen, um sich daran anzupassen. Das religiöse System der Unterdrückung durch die Pharisäer und Schriftgelehrten wurde von Jesus massiv konfrontiert und in Frage gestellt. Jesus personifizierte die Wahrheit; in seiner Gegenwart wurde das ideologische Weltbild der Lügenmatrix bzw. der Religion ans Licht gebracht. Auf einmal sahen die Menschen die Wirklichkeit und konnten über die von der Matrix gesetzten Grenzen hinausblicken. Aus diesem Grund waren Jesus, seine Apostel und auch die Urgemeinde so erfolgreich und konnten sich über die gesamte damals bekannte Welt ausbreiten. Die Urlüge – „sein können wie Gott, aber ohne Gott" – hat sich seit Adam und Eva bis heute nicht geändert. Diese Unabhängigkeit von mir führt zwangsläufig zum Tod", führte der Vater weiter aus, „denn das Leben ist in mir."

„Was hätten denn Adam und Eva tun können", fragte ich den Vater, „um nicht den Lügen Satans zu erliegen?" „Sie hätten mir vertrauen sollen. Da sie es nicht taten, ging ihnen sofort das Urvertrauen verloren und sie fürchteten sich vor mir. Wer mir vertraut, der braucht sich vor mir nicht mehr zu fürchten." Jetzt lächelte der Vater: „Außerdem hätten sie mich um eine Axt bitten können, um den Baum der Erkenntnis von Gut und Böse mit der Schlange darin zu fällen." „In einer anderen Vision habe ich das tatsächlich gesehen, dass dieser Baum gefällt wurde. Kann das denn sein?", frage ich zurück. „Durch meinen Sohn Jesus wurde dies möglich, da er als einziger Mensch das Gesetz erfüllt hat, wie es erfüllt werden musste. Im Gegensatz zu Jesus wisst ihr gar nicht, wie das geht. Lies dazu mal die Bergpredigt. Niemand innerhalb der Lügenmatrix kann das Gesetz erfüllen und kann die Matrix überwinden. Obwohl der Baum der Erkenntnis von Gut und Böse mitsamt seinen Wurzeln in meinem Feuer entsorgt wurde, muss dies jeder selber für sich realisieren. Ohne meine Liebe, den Beistand des Heiligen Geistes und die Offenbarung Jesu Christi ist das nicht möglich. Unter diesen Voraussetzungen kann dann jeder ohne Angst und Furcht das Paradies, den Berg Zion und das himmlische Jerusalem wieder betreten." Die Bibel beschreibt die „Fällung des Baumes" so an keiner Stelle, jedoch ergibt sich dieser Sachverhalt indirekt daraus, dass in der Beschreibung des Neuen Jerusalems von diesem Baum nicht mehr die Rede ist, sondern dass dort nur noch der Baum des Lebens erwähnt wird (vgl. Offb 2,7; 22,2.14.19). „Du kannst das Neue Jerusalem auch ‚Stadt des Vertrauens' nennen", erklärte mir der Vater weiter.

„Wie kann ich verhindern, erneut auf die Lügenmatrix von Satan hereinzufallen", fragte ich weiter.

„Jesus war frei von der Lügenmatrix, weil er von außerhalb dieser Lügenstruktur kam und sich gänzlich an mir orientierte (vgl. Joh 5,19: ***Da antwortete Jesus und sprach zu ihnen: Wahrlich, wahrlich, ich sage euch: Der Sohn kann nichts von sich selbst tun, außer was er den Vater tun sieht; denn was der tut, das tut ebenso auch der Sohn***). Das gilt auch für dich. Nur in völliger Abhängigkeit von mir kannst du zum einen sehen, was ich bzw. Jesus gerade tut, um dann meine vorbereiteten Werke in der Kraft des Heiligen Geistes und mit meiner Salbung zu tun. Diese Werke überwinden die Welt und manifestieren den Himmel. Selbstverständlich liebe ich es als Vater, meinen Kindern kreative Aufgaben zu geben. Aber nur in völliger Abhängigkeit von mir könnt ihr diese Aufgaben erfüllen, sonst geht es schief, weil ihr es in eigener Kraft versucht. Das ist im besten Fall nicht nachhaltig und im schlechtesten Fall führt es wiederum zum Tod. Dazu braucht es Glauben und Vertrauen; beides hast du nur eingeschränkt. Wenn du mit deiner Bedürftigkeit zu mir kommst und erlebst, wie ich mich darum kümmere, wachsen dein Glaube und dein Vertrauen. Erst wenn deine eigenen Bemühungen, dich selbst zu versorgen, zur Ruhe gekommen sind, bist du frei für Größeres und läufst nicht Gefahr, dich an meinen Gaben zu vergreifen! In der Ruhe liegt die Kraft ... Zudem sind meine Bestimmungen für dich größer als die Welt und übernatürlich; die kannst du aus eigener Kraft weder erkennen noch erfüllen."

Vor Grundlegung der Welt

Ich befand mich ein weiteres Mal in einer Vision im Herzen des himmlischen Vaters und bedankte mich dafür, wieder an diesem, nun schon vertrauten Ort sein zu dürfen. „Nimm einen Schluck lebendiges Wasser aus dem Becher vor dir", forderte der Vater mich wieder auf. „Wie dir mein Sohn Jesus (in einer anderen Vision) erklärte, siehst und hörst du dann besser. Was für eine Frage liegt dir dieses Mal auf dem Herzen mein Sohn?"

„Kann ich mehr über das Buch des Lebens erfahren", frage ich. „Ich habe gelesen, die Hebräer glaubten daran, dass sie schon vor Grundlegung der Welt existierten und ihrer Bestimmung aus dem Buch des Lebens zugestimmt haben, ehe sie auf die Welt kamen?"

Der Vater holte zu einer längeren Antwort aus: „Mein Sohn, vor Grundlegung der Welt warst du schon existent, wie in Psalm 139,16 aus meiner Sicht geschrieben steht: ***Deine Urform sahen meine Augen. Und in deinem Buch*** *[des Lebens]* ***waren sie alle eingeschrieben, die Tage, die gebildet wurden, als noch keiner von ihnen da war***. Du warst vor Grundlegung der Welt schon in meinen Gedanken und in meinem Herzen. Ich offenbare dir jetzt ein Geheimnis: Genau an diesem Tisch in meinen Herzen saßen wir uns vor Grundlegung der Welt schon einmal gegenüber; deshalb fühlst du dich in meinem Herzen so zu Hause. Was ich dir jetzt sage, gilt für dich ganz persönlich, soll aber auch ein Zeugnis sein für alle, die es lesen und hören wollen. Allerdings muss jeder mich persönlich nach seinem Buch des Lebens und nach seiner Bestimmung, die darin aufgeschrieben steht, fragen.

In Prediger 3,11 steht: ***Alles hat er** [Gott] **schön gemacht zu seiner Zeit, auch hat er die Ewigkeit in ihr** [der Menschen] **Herz gelegt, nur dass der Mensch das Werk nicht ergründet, das Gott getan hat, vom Anfang bis zum Ende.*** Ihr bezieht Ewigkeit nur auf das, wo ihr einmal sein werdet, wenn ihr gestorben oder aufgestiegen seid. Doch ihr kommt aus der Ewigkeit – vor Grundlegung der Welt –, und damit aus einer ‚Zeit', vor der Zeit, wie ihr sie kennt. Dort habe ich dir ‚damals' die Frage gestellt, ob du diese Bestimmung, für die du geschaffen wurdest und die ich in dein Buch des Lebens geschrieben habe, annehmen möchtest. In deinem Fall habe ich dir auch gesagt, dass es für dich nicht einfach sein würde, überhaupt an diese Informationen bezüglich deiner Bestimmung zu gelangen. Auf Grund der Lügenmatrix geht es allen Menschen so."

Überrascht antwortete ich: „Diesem Schlamassel, der mir in der Welt bisher widerfahren ist, habe ich zugestimmt?" „Ja, du hast dem zugestimmt. Auf einen großen Teil des ‚Schlamassels', wie du es nennst, habe ich dich hingewiesen. Nicht bis ins letzte Detail, aber du hast dem trotzdem zugestimmt. Du kannst dir deine Bestimmung als Einband (Cover) deines Buches des Lebens vorstellen. Als die Zeit gekommen war und du gezeugt wurdest, habe ich deine Bestimmung vorgelesen (verkündet) und die vor meinem Thron anwesenden Engel gefragt, wer von ihnen dir als Schutzengel dabei helfen möchte, deine Bestimmung zu erkennen und zu erfüllen."

„Laut des Zeugnisses des Heiligen Geistes hat Satan schon mehrmals versucht, mich umzubringen", werfe ich ein. „Das macht für mich nur dann Sinn, wenn er Informationen aus meinem Buch des Lebens schon gekannt hat, in meinem Fall auch schon vor meiner Zeugung. Wie kann das sein?"

Der Vater antwortete darauf: „Alle Engel waren vor Grundlegung der Welt anwesend, als das Buch des Lebens und damit die Bestimmung jedes einzelnen Menschen erstmalig verkündet und dann aufgeschrieben wurde. Das geschah, bevor Satan aus dem Himmel geworfen wurde. Du kannst dir vorstellen, dass er bei seinem Fall eine weitgehende Kopie des Himmels für sich angelegt und dann mitgenommen (vgl. Joh 10,10) hat. Er kennt aber nur die Bestimmung der Menschen, nicht das komplette Buch des Lebens. Dieses ist mit allen Einzelheiten verborgen in Jesus Christus.

Wie dir schon Jesus als die Liebe sagte: Wenn du deine Sünden bekennst und dir von ihm vergeben lässt, verbrennen die Aufzeichnungen mit deinen Sünden und sind dann nicht mehr Teil deiner Bücher. Sie halten dem Feuer der Liebe keinesfalls stand. Aber nachdem ich Satan und seine Engel aus dem Himmel herausgeworfen hatte, legten sie eigene Bücher bzw. Datensätze über jeden Menschen an. Du kannst das im Gegensatz zu deinem Buch des Lebens ein ‚Buch des Sterbens' nennen.

Um meine guten Pläne für die Menschen zu durchkreuzen, hat Satan für jeden ein Buch des Todes angelegt. Zu Informationen aus dem Himmel haben sie keinen Zugang mehr und es gibt für sie nur noch einen sehr eingeschränkten Zugang zu den himmlischen Gerichtssälen, damit sie als Verkläger der Brüder und Schwestern auftreten können (vgl. Offb 12,10), so lange, bis diese Gerichte abgeschlossen sind. Auch damit, ob sie es wollen oder nicht, erfüllen die Verkläger meinen Plan, als Richter für Gerechtigkeit zu sorgen.

Als mein Sohn Jesus Christus vom Heiligen Geist vierzig Tage in die Wüste geführt wurde (vgl. Lk 4,1), habe ich mit ihm über seine Bestimmung als Mensch gesprochen. Im Himmel hatte er natürlich seiner Bestimmung zugestimmt; es war ja unser Plan zur Rettung der Menschheit, dass er auf die Erde kommen und Mensch werden sollte. Als Mensch hat er diesem Plan, als er in der Wüste war, dann ebenfalls zugestimmt." An dieser Stelle unterbreche ich und frage: „In der Bibel steht, dass Jesus nur das getan hat, was er dich hat tun sehen (vgl. Joh 5,19). Welchen tieferen Grund hatte das?"

„Im Einband deines Buches des Lebens steht (nur) die Bestimmung deines Lebens. Dort steht, was du werden sollst und kein Zehn-Schritte-Plan, wie du dahin gelangst. Es geht nicht darum, etwas zu tun, sondern darum, etwas zu sein bzw. zu werden. **Deine ewige Bestimmung kannst du nur mit mir zusammen erreichen**. Und es reicht dazu nicht aus, nur einmal zu kommen und die Information ‚abzurufen'! Nur in völliger Abhängigkeit von mir kannst du deine Bestimmung erfüllen. Du musst dich darauf einlassen und mit mir darüber reden. Der Plan ist sozusagen verschlüsselt schon in deinem Herzen. Ich bin der einzige Schlüssel, der dir diesen Plan aufschließen bzw. entschlüsseln kann. Erinnere dich an Prediger 3,11, über den wir anfangs gesprochen haben.

Die Schönheit und die Herrlichkeit deiner Bestimmung erschließen sich dir nur bei mir in meinem Herzen. Weder Anfang noch Ende (das Ziel) noch den Weg dazwischen kannst du ohne mich verstehen. Sonst wären wir wieder bei dem Problem von Adam und Eva vom Anfang: Sie wollten sein wie Gott, jedoch ohne Gott. Du weißt, was dabei herausgekommen ist: die Lügenmatrix, eine teuflische Ersatzwirklichkeit. Auch sie hat eine Bestimmung für dich. Um ihr zu entrinnen, brauchst du eine klare Orientierung an mir und meine Führung. Vieles bei deiner Bestimmung ist ein Weg, den du nur an meiner Hand gehen kannst – und dadurch realisierst du deine Bestimmung Schritt für Schritt, weil du den Weg zusammen mit mir gehst.

Jetzt habe ich noch eine Überraschung für dich. Als wir vor Grundlegung der Welt über deine Bestimmung sprachen, hast du eine Bedingung gestellt." Völlig entgeistert antwortete ich: „So etwas geht!? Das hätte ich nicht erwartet. Was war denn meine Bedingung?" „Du hattest mich darum gebeten, dass Liebe und Weisheit dich dein ganzes Leben begleiten sollen." „Oh ja", erwiderte ich. „Das war eine gute Bedingung. Die Weisheit hat mich wirklich mein ganzes bisheriges Leben begleitet, sonst wäre ich jetzt sicherlich nicht hier bei dir. Das mit der Liebe habe ich zwar vermasselt, aber dank dir, lieber Vater, habe ich wieder Kontakt zur Liebe aufnehmen können. Ich hatte die Liebe fatalerweise ins Exil geschickt und war dabei der irrigen Meinung, ich könne auch ohne sie leben. Zum Glück ist die Liebe wieder zurückgekommen und regiert jetzt wieder in meinem Leben."

„Ich hatte auch eine Bedingung an dich gestellt“, sagte der Vater schmunzelnd. „Aha“, entfährt es mir, „wusste ich es doch, es gibt immer einen Haken. Was war denn deine Bedingung an mich?“ „Meine Bedingung war, dass ich dir erst dann den Zugang zur unsichtbaren Welt geben werde, wenn du meinem Sohn Jesus Christus nachfolgst und es aufgibst, etwas für Gott zu tun, um meinen Segen zu verdienen. Das nennt sich auch Religiosität.“ „Ok“, seufze ich erleichtert, „das war eine sehr gute Bedingung zu meinem Schutz. Rückblickend verhielt es sich in meinem Leben auch so. Erst als ich Jesus nachfolgte und mein Ego zerbrochen war, kamen diese Visionen zu mir. Das war sehr weise von dir. Danke, Abba, lieber Vater, für diese ganz persönlichen Offenbarungen. Was kann ich denen sagen, die das lesen bzw. hören werden?“

„Sei ein Zeuge, dass es sich lohnt, den Weg an meiner Hand zu gehen“, erwiderte der Vater auf meine Frage. „Sag ihnen, sie könnten jederzeit durch Jesus, nicht durch Religion, zu mir in mein Herz kommen und mich nach ihrer Bestimmung fragen. Ich werde ihnen antworten, wenn sie sich mit ihrer ganzen Existenz darauf einlassen. Doch so wie bei dir auch, wird es ein Prozess sein, bis sie mir mehr vertrauen und mein Reden in ihrem Herzen wahrnehmen können. Mache ihnen Mut, geduldig zu sein und mir völlig zu vertrauen. Vertrauen ist der Schlüssel.

Eine deiner Bestimmungen war es, dieses Buch zu schreiben. All diese Visionen, die du dazu bekommen hast, waren übernatürlich; du hättest dir keine einzige davon ausdenken können. Sie dienten alle dem Zweck, dieses Buch zu ‚gebären‘. Du gingst mit diesen Visionen sozusagen schwanger, und das so lange, bis du es nicht mehr zurückhalten konntest. Innerhalb kurzer Zeit hat dir dann der Heilige Geist ermöglicht, die Puzzleteile zu einem größeren Ganzen zusammenzufügen.“

Kapitel 5

Die Herrlichkeit des HERRN

Eine ungewöhnliche Anbetungszeit

In einer weiteren Vision offenbarte sich mir der „Thron der Anbetung“ auf eine sehr ungewöhnliche Weise. Es geschah in einer Veranstaltung mit dem Thema „Löcher stopfen“. Ich spielte Percussion mit befreundeten Musikern auf diesem mehrtägigen Seminar. In einer Lobpreis- und Anbetungszeit schwangen einige Teilnehmer Fahnen, andere tanzten vor dem Herrn, wobei mir insbesondere eine ältere Frau auffiel, die vor der Band tanzte. Ich dachte bei mir: Was für ein mutiger und wunderbarer Anbetungstanz das doch ist. Aber plötzlich änderte sich alles um mich herum.

Zuerst sah ich nicht mehr diese Frau, sondern meine Tochter Sarah vor mir tanzen. Ich dachte, wie seltsam, gaukelt meine Sehnsucht in meinem Herzen mir eine Phantasie vor? Wie mir später der Heilige Geist erklärte, war meine Tochter der Schlüssel dafür, dass ich diese Vision erleben konnte. Doch damit nicht genug. Im Geist stand ich plötzlich in einigem Abstand zu mir selbst und schaute mir beim Percussion-Spielen zu. Eine irritierende Erfahrung, sich selber beim Spielen zuzusehen! Ich war völlig ratlos, was gerade passierte. Ich begann, mich vorsichtig umzusehen. Bis auf die Musiker hatte sich alles verändert. Die Wände des Raumes waren verschwunden und es waren andere Menschen da, die mit uns sangen und auch völlig andere Engel als zuvor.

Im Geist rief ich aus: „Hilfe, Heiliger Geist, was passiert hier? Wo bin ich?“ „Fürchte dich nicht!“, antwortete er mir. „Du hast mit allen, die in Wahrheit und im Geist anbeten (vgl. Joh 4,24) die Dimension gewechselt. Ihr seid gleichzeitig auf der Erde in dem Seminarraum und vor dem Thron der Anbetung im Himmel (vgl. Offb 5,7-14).“ „Wie geht das denn?“, fragte ich zurück.

„Der Vater hat dir geschenkt, dass du ihn anbeten konntest von ganzem Herzen, mit deiner ganzen Seele, deinem ganzen Verstand und deiner ganzen Kraft (vgl. Mk 12,30). Dieser Erweis deiner Liebe hat sich auf die Menschen um dich herum übertragen. Zuerst auf die Musiker neben dir und dann auf das Publikum. Viele haben sich darauf eingelassen und dann habt ihr die ‚kritische Masse‘ erreicht. So habt ihr euch zusammen in den Himmel vor den Thron der Anbetung katapultiert. Die ‚anderen‘ Menschen, die du gesehen hast, stammen aus der Wolke der Zeugen und der Gemeinde der vollendeten Gerechten (vgl. Hebr 12,22 ff.). Die ‚anderen‘ Engel sind die Anbetungsengel, die permanent vor dem Thron Gottes anbeten. Ihr habt euch in die ewige Anbetung vor dem Thron Gottes eingeklinkt. Der Thron der Anbetung wartet sehnlichst darauf, dass Menschen aus der irdischen Dimension herkommen und in Einheit mit dem Himmel anbeten.“

Was für eine Vision und was für eine Gnade, so anbeten zu dürfen! Im Laufe des Seminars, an einem anderen Tag, wechselten wir noch einmal die Dimension, um vor dem Thron Gottes im Himmel anzubeten. Bei der nächsten Veranstaltung, bei der ich in einem anderen Team ebenfalls Percussion spielte, bat ich natürlich erneut um diese Gnade. Da sich diese Vision nicht wiederholte, war ich schon etwas enttäuscht. Also frage ich den Heiligen Geist warum der Dimensionswechsel einmal möglich ist und dann wieder nicht. Hatte sich vielleicht meine Herzenshaltung geändert, im Sinne von verschlechtert!?

Vor dem Thron der Anbetung

Der Heilige Geist nahm mich als Antwort auf meine Fragen und Zweifel wieder mit auf den Berg Zion und zeigte mir dort den

Thron der Anbetung. Allerdings befand ich mich diesmal nicht auf der Ebene der Anbeter, sondern konnte die Anbetung von einer anderen, höheren Ebene aus beobachten. Was mir sofort auffiel, war, dass sich viele Lücken unter den Anbetern befanden. Ich dachte eigentlich, an diesem wunderbaren Ort sei eine unzählige Menge von Menschen und Engeln versammelt, die vor dem Thron anbeten. Lücken, groß wie Inseln, hatte ich nun wirklich nicht erwartet.

„Diese Lücken, oder Inseln, wie du sie nennst, warten darauf, dass ihr auf der Erde in Wahrheit und im Geist anbetet", erläuterte mir der Heilige Geist. „Sie werden für die auf der Erde lebenden Anbeter freigehalten. Erst wenn ihr euch in einem solchen Maß auf die Anbetung einlasst, dass sie euch mit dem Himmel verbindet, ist die Anbetung vor dem Thron Gottes vollständig. In eurem Seminar mit dem Thema ‚Löcher stopfen' habt ihr sozusagen auf einer himmlischen Ebene die Lücken (Löcher) der Anbetung gestopft. Es geschieht sehr viel auf mehreren Ebenen bei so einem Seminar; das Wenigste davon bekommt ihr mit, es sei denn, ihr fragt mich danach. Doch sei nicht frustriert Markus, die Vision der Anbetung vor dem Thron Gottes hat dich zu einem Anbeter gemacht. Das ist weit mehr, als ‚nur' anzubeten, wie ihr Anbetung normalerweise versteht. Du merkst das daran, dass dein Herz jetzt dem Herrn beständig ein neues Lied singt (vgl. Ps 96,1) – wenn du deinem Herzen zuhörst."

„Ja, das habe ich gemerkt", bestätige ich. „Schon früher hatte ich die Erfahrung, dass der Lobpreis eine Zeitlang in meinem Herzen sang, doch irgendwann verebbte es wieder. Das war schade, aber so sehr ich mich auch ‚abmühte', konnte ich keine Beständigkeit darin etablieren." „Das kannst du auch nicht, Markus", meinte der Heilige Geist zu meinem Einwand. „Es ist eine Gabe Gottes, die du erhalten hast, weil du dich auf die Anbetung eingelassen hast. Diese Gabe Gottes hat dich in einen Anbeter verwandelt, sodass du einer *geworden* bist. Jetzt ist ein Teil deines Herzens permanent im Lobpreis vor dem Thron Gottes, ob du nun in einer Lobpreisband spielst oder nicht, auch dann, wenn du es nicht bewusst mitbekommst.

Der Vater hat dir schon vor Längerem ein Herz der Anbetung geschenkt. Das war in dem ‚Paket‘ des neuen Herzens und neuen Geistes dabei (vgl. Hes 36,26), welches du im Vaterherzen Gottes empfangen hast. Dadurch, dass du dich auf diese Anbetung eingelassen hast, ist sie jetzt permanent in dir aktiv und kann nicht mehr abgestellt werden. Wie schon gesagt, bekommst du das nur dann mit, wenn du dich bewusst darauf fokussierst. Jeder, der Jesus Christus nachfolgt, ist dazu eingeladen, ein Anbeter zu werden. Das ist, was ihr auf einer ganz tiefen Ebene eurer Existenz als ‚nach Hause kommen‘ empfindet.“

„Ich habe noch eine Frage an dich, lieber Heiliger Geist. Wie funktioniert das mit der gemeinsamen Anbetung vor dem Thron Gottes? Wir, in der irdischen Dimension, spielen bzw. singen ja völlig verschiedene Lieder, selbst in meinem Herzen wechseln die Lieder ständig. Ich stelle mir das alles andere als harmonisch vor, wenn das gemeinsam vor dem Anbetungsthron Gottes ertönt.“ Der Heilige Geist erwiderte mir: „Ich kann dir das zwar beschreiben, du würdest es allerdings nicht verstehen; du musst es erleben. Ich öffne dir jetzt die Augen und die Ohren deines Herzes, damit du es einmal erleben kannst. Danach kann ich dir noch ein paar Dinge dazu erklären.“

Das Herz der Anbetung

Der Heilige Geist legte seine Hände auf mein Herz und es fühlte sich an, als würden gewaltige Mengen an Energie durch mein Herz strömen. Sofort befanden wir uns wieder mitten unter den Anbetern vor dem Thron Gottes. Das materialisierte Licht, aus dem der Anbetungsthron Gottes bestand, leuchtete jetzt sehr intensiv in mehr Farben, als auf der Erde möglich sind. Auf dem Thron sah ich Jesus Christus sitzen. Beschreiben kann ich das nicht (vgl. Offb 4,3 ff.), für solch eine Herrlichkeit gibt es in meiner Sprache keine Worte.

Dann begann ich langsam etwas zu hören, so, als würde der Heilige Geist vorsichtig den Lautstärkeregler nach oben schieben. Dieser Gesang, diese Musik, die ich zu hören bekam, war vollkommen und in einer Harmonie, wie sie auf Erden nicht möglich ist. Zudem war diese Harmonie multidimensional, nicht zu beschreiben.

Der Heilige Geist erklärte mir dazu: „Dies ist die Anbetung, die aus dem Herzen jedes Einzelnen aufsteigt, egal was die Person gerade für ein Lied singt oder für ein Instrument spielt. Dies ist das Lied des Herzens, aus dem die wahre Anbetung fließt. Das ist mindestens eine Ebene tiefer in eurer Existenz, als ihr mit dem Verstand begreift. Es ist eine perfekte, multidimensionale Symphonie, die du gerade erlebst. Um bei deinem Bild des Lautstärkereglers zu bleiben: Diesen habe ich auf zehn Prozent hochgezogen, mehr kannst du in deinem jetzigen Zustand nicht aushalten. Das gilt auch für deine Sicht auf den Anbetungsthron Gottes."

„Danke Heiliger Geist für diese Begrenzung", antwortete ich. „Es fühlt sich für mich einerseits so an, als würde ich gleich umkippen, als würde die Erde unter mir beben, auf der anderen Seite könnte ich eine Ewigkeit zuhören bzw. in die Anbetung mit einstimmen, so schön ist sie. Selbst mit den besten irdischen Musikstücken und den größten Sinfonieorchestern ist dies nicht zu vergleichen. Kann ich noch eine Weile hierbleiben, solange ich das aushalte?"

„Ja natürlich. Da du jetzt ein Anbeter geworden bist, ist dein Herz permanent mit dem Thron der Anbetung verbunden, egal ob du selber mitspielst oder dir ein Lobpreislied anhörst oder keines von beiden tust. Sogar wenn du schläfst, stehst du mit deinem Herzen in der permanenten Anbetung vor dem Thron Gottes. Wenn du mit einer Gruppe Lobpreis machst, können die Menschen, die sich auf die Anbetung einlassen, mit dir gemeinsam ebenfalls an diesen Ort der Anbetung kommen; sie sind alle herzlich dazu eingeladen. Doch komm mit, ich will dir noch etwas Wichtiges zeigen", forderte der Heilige Geist mich auf.

Immer noch auf der Ebene der Anbetung vor dem Thron, sah ich jetzt um mich herum Kinder verschiedenen Alters. Es handelte sich vor allem um sehr junge Kinder und ein paar Teenager. Es war wunderschön anzusehen und anzuhören, wie sie anbeteten. „Sind das die Kinder, die im Himmel aufwachsen, wie meine Tochter Sarah?", fragte ich den Heiligen Geist. „Nein, das sind irdische Kinder", antwortete er mir. „Wenn du sie auf der Erde beobachten würdest, könntest du sehen und hören, wie sie, ‚in eine andere Welt' versunken, vor sich hin singen. Sie drücken unbewusst aus, was gerade in ihrem Herzen anbetet und singt, deswegen sind sie über ihr Herz mit in dieser Dimension vor dem Thron der Anbetung verbunden.

Sie singen mit einem reinen Herzen, deswegen bist du, so wie der Vater, fasziniert und angezogen davon. Leider verlieren die meisten von ihnen diese Fähigkeit, wenn sie älter werden. Anstatt es zu fördern, unterdrücken die Eltern diese Fähigkeit, weil sie es nicht verstehen. Oder der Dieb, der Satan, stiehlt es ihnen, damit sie entweder schweigen oder ihn und seine Dämonen, anstatt des lebendigen Gottes anbeten. Die Kirche verhält sich in dieser Sache nicht besser; sie steckt die Kinder in ‚Sonntagsschulen', in denen sie mit religiösem Wissen vollgestopft werden, anstatt ihre natürliche Anbetung zu fördern. Schon Jesus reagierte seinerzeit sehr unwillig darauf (vgl. Mk 10,14: ***Als aber Jesus es sah, wurde er unwillig und sprach zu ihnen: Lasst die Kinder zu mir kommen! Wehrt ihnen nicht! Denn solchen gehört das Reich Gottes.***).

Es ist so traurig. Ein Kind, das mit reinem Herzen anbetet, könnte euch Erwachsene mit in diese Dimension hineinnehmen, sodass ihr diese ursprüngliche Art von Anbetung wieder erleben könntet. Diese Anbetung ist ganz tief in eurer Existenz verankert; dazu hat Gott euch als sein Ebenbild (vgl. 1 Mo 1,27) geschaffen. Etwas anderes als den lebendigen Gott anzubeten, erzeugt in euch eine abgrundtiefe Leere. Das ist der tiefere Grund dafür, warum die Liebe in euch erkaltet und sich eure Herzen verhärten. Als kleiner Junge warst du oft an diesem Ort der Anbetung, bis es dir die Erwachsenen ausgeredet haben. Deswegen brauchst du meinen mächtigen Trost, damit dein Herz wieder weich wird und du deine Vergangenheit mit all den Härten und Verlusten loslassen kannst."

Noch einmal legte der Heilige Geist seine Hände auf mein Herz. Diesmal durchflutete mich sein Trost. Das war so überwältigend und ich fühlte mich, als würde ich komplett zerfließen und mich verflüssigen[1]. Zuerst flossen alle Tränen, die ich nicht hatte weinen dürfen, und mit ihnen aller Schmerz über erfahrene Ablehnung aus mir heraus. Als ich dachte, da kann doch nichts mehr übrig sein, kam eine weitere Welle des Trostes vom Heiligen Geist, die noch tiefer ging als die erste. Und als ich das Gefühl hatte, ich würde in diesem „flüssigen" bzw. aufgelösten Zustand bleiben, brachte mich der Heilige Geist wieder in Form.

All das passierte vor dem Thron der Anbetung inmitten der Kinder, die anbeteten. Danach ging vom Heiligen Geist eine Welle der Freude aus und durchflutete mich (vgl. Jes 35,10) vom Kopf bis zu den Zehen, so lange, bis sie aus mir herausströmte. Das übertrug sich anscheinend auf die Kinder, denn jetzt jubelten und jauchzten sie mit großer Freude (vgl. Zef 3,17) mit mir. Wir alle tanzten ausgelassen vor dem Thron der Anbetung Gottes herum. Ich war wieder ein Kind geworden, oh wie herrlich! Das erinnerte mich erneut daran, wie Jesus sprach: ***Wahrlich, ich sage euch, wenn ihr nicht umkehrt und werdet wie die Kinder, so werdet ihr keinesfalls in das Reich der Himmel hineinkommen*** (Mt 18,3).

Der Tisch des HERRN

Nach diesen Erlebnissen komme ich jetzt wieder zurück auf die Visionen vom Berg Zion. Nachdem ich ein weiteres Stück aufgestiegen war, bildete sich erneut vor meinen Augen eine Bank aus dem Berg heraus. Diese Bank wirkte sehr massiv, als sei sie aus grobem Felsen gemeißelt. Sie leuchtete ebenfalls, doch nicht so stark wie der Berg Zion, auf dem sie stand. Jesus trat an meine Seite und forderte mich mit einer Geste auf, mich zu setzen. So setzten wir uns zusammen auf die Bank, und ich war gespannt darauf, was Jesus mir dieses Mal erklären würde, nachdem ich nun ja schon einen ziemlich weiten Weg auf dem

[1] Hinweis zum Verflüssigen: Um Gold zu veredeln muss es geschmolzen werden. Dazu wird etwas Schmelzsalz hinzugegeben und das Gold auf 1064 °C erhitzt, sodass es flüssig wird. Durch diese Prozedur schwimmen die Verunreinigungen an die Oberfläche und können entfernt werden (Quelle Wikipedia; abgerufen am 30.04.2020). Siehe auch Offb 3,18.

Berg Zion zurückgelegt hatte. Ich blickte Jesus fragend an, und er forderte mich auf: „Blicke nach Westen, und sage mir, was du hörst?“ Ich fand diese Aufforderung etwas seltsam, doch gehorchte ich und wandte also meinen Blick in die Richtung, in die Jesus gedeutet hatte. Sehen konnte ich nichts Auffälliges, dafür aber umso mehr hören. Es war, als hätte ich perfekt sitzende Ohrstöpsel in meinen Ohren gehabt und diese seien plötzlich entfernt worden. Ich erschrak, denn ich hörte mit zunehmender Lautstärke Kriegslärm und Kriegsgeschrei. Dieses Getöse ging mir durch Mark und Bein; es fühlte sich an wie ein heftiges Erdbeben.

Es wollte sich schon Angst und Furcht meiner bemächtigen, doch dann realisierte ich, dass ich ja immer noch auf der Bank neben Jesus saß. Das hatte auf meine Seele eine beruhigende Wirkung. Dann bildete sich vor uns aus dem Berg heraus ein großer Tisch, und ich fragte verwundert: „Was ist denn das für ein Tisch, Jesus, und wo sind wir hier? Ich dachte, auf den Berg Zion könnten keine Mächte der Finsternis gelangen?“ „Das können sie auch nicht“, antwortete Jesus, „da der Berg Zion heilig ist. Was du hörst und gleich zu sehen bekommen wirst, findet nicht hier auf dem Berg Zion statt, sondern an einem anderen Ort. Ich zeige dir Geräusche und Bilder aus einem Kampf, den du schon gekämpft hast. Wir schauen aber aus unserer himmlischen Position darauf. Das vor dir ist der ‚Tisch des HERRN‘, den ich dir im Angesicht deiner Feinde, wie in Palm 23 beschrieben, bereitet habe.“ Mittlerweile hörte und sah ich den Kampf vor uns wie auf einem 3D-Bildschirm; er konnte uns jedoch nicht erreichen, da der Tisch eine Grenze dazu bildete.

Jesus stellte jetzt einen Krug mit Wasser und eine Schale mit etwas, das wie Plätzchen aussah, vor mich hin und sprach: „Trinke von dem lebendigen Wasser und iss von dem verborgenen Manna (vgl. Offb 2,17), damit du Kraft bekommst.“ Jetzt, da Jesus das zu mir sagte, merkte ich erst, wie total kraftlos und zusammengesunken ich dasaß. Gerne trank ich von dem lebendigen Wasser und aß von dem Manna. Es dauerte nur einen Moment und ich konnte mich gestärkt aufrichten und dem Geschehen mit neuer Aufmerksamkeit folgen. Jesus fuhr mit seiner

Erklärung fort: „So, wie ich alle meine Feinde überwunden habe, musst auch du deine Feinde in der unsichtbaren Welt überwinden. Auf diesem Weg der Überwindung wirst du transformiert, sodass du mehr und mehr die Eigenschaften dieses Tisches annimmst. Dann ist dein Haus auf Fels gebaut und die Stürme können es nicht zum Einsturz bringen.

Es ist für euch Menschen unmöglich, aus eigener Kraft gegen die Mächte der Finsternis zu bestehen. Du musst zuerst in die Ruhe Gottes eintreten und an meiner Seite sitzen. Das hört sich jetzt, angesichts des Kampflärmes, sicherlich paradox an, aber genau an diesem Tisch beginnt für dich die Ruhe Gottes. Sie beginnt im Angesicht deiner Feinde. Solange du noch aus eigener Kraft kämpfst, hast du den Platz an diesem Tisch noch nicht eingenommen. Erinnere dich an Psalm 23, wo der Weg zu dem Tisch des HERRN durch das Tal der Todesschatten führt. Auf diesem Weg muss alles in dir ‚sterben', was versucht, es selber und ohne mich zu schaffen. Alle eigenen Bestrebungen müssen in den Tod gehen; erst dann kannst du in die Ruhe Gottes eingehen. Dann nimmst du deinen Platz neben mir ein und ich decke dir deinen Tisch im Angesicht deiner Feinde.

Denke daran, wie ich mit den Jüngern auf dem See Genezareth war und ein heftiger Sturm aufkam (vgl. Mk 8,23-27). Irdisch gesehen schlief ich hinten im Boot. Ich konnte das tun, weil ich mit diesem Tisch des HERRN verbunden war. Von dieser Position der Ruhe Gottes aus konnte ich die Mächte der Finsternis sehen, die das Boot zum Kentern bringen wollten. Als meine Jünger mich weckten, war es für mich ein Leichtes, dem Sturm zu gebieten, sodass er sich sofort legte. Wäre ich ängstlich und voller Unglauben gewesen, wie meine Jünger, hätte ich dem Sturm nichts entgegensetzen können. Je öfters du hierherkommst, desto mehr bist auch du mit dem Tisch des HERRN verbunden und kommst tiefer in die Ruhe Gottes hinein. In die Ruhe Gottes einzugehen, ist die wichtigste Strategie für den geistlichen Kampf, und natürlich ist das, wie alles andere auch, ein Prozess."

Nach diesen Worten von Jesus brachten mich diese Kampfszenen und der Kriegslärm nicht mehr aus der Fassung. Jesu

Beispiel folgend, gebot ich den Mächten der Finsternis, woraufhin der Kampf sofort mit einer Niederlage für sie endete. Nachdem alle Feinde von Engeln abgeführt waren, kehrte wieder Ruhe ein. Es war äußerst erstaunlich, was die Ruhe Gottes ausmachte. Darauf fragte ich: „Jesus, der Schreiber des Hebräerbriefes führt in Kapitel 4 aus, dass es noch eine Ruhe für das Volk Gottes gibt, da das Volk Israel damals nicht in diese Ruhe Gottes eingegangen ist." Jesus antwortete mir: „Das Volk Israel blieb in der Wüste im Stand des Unglaubens, obwohl sie vierzig Jahre die Wunder Gottes gesehen hatten, ausgenommen Josua und Kaleb. Mit ihren Sünden hatte ich kein Problem, dafür hatte ich durch Mose eine irdische Kopie der Stiftshütte errichten lassen, in der für ihre Sünden Opfer gebracht wurden. Ihr wahres Problem war der Unglaube, trotz aller Wunder Gottes, die sie sahen.

Daher braucht ihr von mir Glaube, Liebe und Hoffnung. Erst wenn ihr euch auf diese Gnadengaben einlasst, könnt ihr in die Ruhe Gottes eingehen, und das tiefer und tiefer. Deswegen lasse ich zu, dass euch die Mächte der Finsternis manchmal angreifen und ihr im Angesicht des Sturmes seht, wie es um euren Glauben bestellt ist. Viele machen den Fehler und versuchen, aus eigener Kraft gegen die Finsternis und den Sturm anzukämpfen, was nicht funktioniert. Oder noch schlimmer, sie versuchen die Siege anderer wie eine Blaupause für sich zu übernehmen. Auch das funktioniert letztendlich nicht. Sie müssen ausnahmslos alle hierher zu mir an diesen Tisch kommen und von mir die für sie passende Strategie geoffenbart bekommen. Nur meine Gegenwart ermöglicht ihnen den Wechsel von Unglauben zu Glaube, von Angst und Furcht zur vollkommenen Liebe des Vaters und von der Hoffnungslosigkeit zur Hoffnung. Erst dann können wir über persönliche Strategien sprechen.

Die Ruhe Gottes ist der Schlüssel zu all den Visionen, die ich dir bereits geoffenbart habe. Je weiter und tiefer du in die Ruhe Gottes eingehst, desto mehr kannst du sehen und desto länger in den Visionen bleiben. Das eine bedingt das andere. Das heißt nicht, dass du ohne die Ruhe Gottes keine Visionen empfangen kannst, das kannst du durchaus. Doch sind sie dann nur schemenhaft, arm an Details und kurz. Du brauchtest ein ganzes

Sabbatjahr mit Verlängerung dazu, um sowohl geistlich als auch körperlich in die Lage versetzt zu werden, zum Tisch des HERRN zu kommen und aktiv in die Ruhe Gottes einzutreten. Bei jemand anderem sieht der Weg anders aus; jeder muss mich selbst danach fragen, doch für alle gilt, dass sie in die Ruhe Gottes eingehen müssen, um die Kämpfe bestehen zu können. Das kostet seinen Preis.

Du warst bereit, den Preis dafür zu zahlen. Dieses Opfer, sich bei allem finanziellen Risiko auf ein Sabbatjahr einzulassen, hat der Himmel angesehen, denn du hast es wirklich darauf ankommen lassen. So konntest du hierhergeführt werden und dich mit den himmlischen Realitäten verbinden, was dich zunehmend in ihr Bild verwandelt. Selbstverständlich ist dieser Prozess noch lange nicht abgeschlossen, aber je öfter du herkommst, desto tiefer verbindest du dich mit diesem Ort und wirst ihm gleich. Für dich begann die geistliche Reise beim Thron der Barmherzigkeit und Gnade. Ich habe dir diesen Thron in einem Gerichtssaal im Berg Zion geoffenbart. Aber dieser Thron ist nicht auf das Gericht beschränkt. Dein Weg führte dich über das Paradies, das ‚himmlische Jerusalem' und das Herz des Vaters bis zum Thron der Anbetung. Das alles waren wichtige Stufen, um auf dem Berg Zion weiter nach oben zu gelangen. Durch die Erfahrung des Tisches des HERRN und der Ruhe Gottes bist du nun bereit dafür, den Gipfel des Berges Zion zu erklimmen. Der Weg zum ewigen Lichtthron Gottes ist jetzt frei für dich. Erinnere dich an den Anfang, als du ratlos vor diesem Berg gestanden bist, ohne eine blasse Ahnung, wie du da hochkommen könntest. Ich schickte dir Hilfe durch einen Engel, die du bereitwillig angenommen hast. Ohne mich hättest du nicht einen Schritt auf diesem Weg gehen können!", vollendete Jesus seine Rede an mich.

Unter dem ewigen Thron

Damals dachte ich, ich sei mit der Vision vom Thron der Anbetung endlich an der Spitze des Berges Zion angelangt. Selbst aus der Entfernung, aus der ich den Thron sah, war er überwältigend schön. In dieser ewigen Anbetung war die Herrlichkeit des HERRN auf seinem Thron präsent, und das in einer Dichte und einem überirdischen Glanz, wie ich sie zuvor noch nie erlebt hatte. Ohne dass der Heilige Geist mich festgehalten hätte, wäre ich bei diesem Anblick zusammengebrochen. Doch anders als ich das erwartet hätte, nahm der Heilige Geist mich nun mit auf die Spitze des Berges Zion, zu dem ewigen Thron Gottes.

Doch zuerst sollte ich folgende Verse aus der Heiligen Schrift zitieren: ***So spricht der Herr, HERR! Wer hören will, der höre, und wer es lässt, der lasse es! Denn ein widerspenstiges Haus sind sie*** (Hes 3,27b).

Und: ***Ich, Jesus, habe meinen Engel gesandt, euch diese Dinge für die Ekklesia zu bezeugen. Ich bin die Wurzel und das Geschlecht Davids, der glänzende Morgenstern. Und der Geist und die Braut sagen: Komm! Und wer es hört, spreche: Komm! Und wen dürstet, der komme! Wer da will, nehme das Wasser des Lebens umsonst!*** (Offb 22,16-17).

Lies bitte Offenbarung 4 und Hesekiel 1 bis 3, denn dort wird dieser ewige Thron detailliert beschrieben. Besser als der Apostel Johannes und der Prophet Hesekiel kann ich es auch nicht tun. Als ich Jesus das erste Mal um Erklärungen und Offenbarungen über die für mich unverständlichen, den Thron Gottes betreffenden Aussagen in Hesekiel 1 gebeten hatte, bekam ich von ihm folgende Antwort:

„Denke daran Markus, dass ich dem Propheten Hesekiel Dinge gezeigt habe, die ihn weit über die Grenzen seines Verstehens hinausgeführt haben, sehr weit darüber hinaus. Er ist mehrmals aufgrund dieser Offenbarungen todkrank geworden, und ich brauchte manchmal Tage, um ihn wieder auf die Beine zu bringen. Außerdem konnte er nur mit dem Wortschatz, der ihm damals zur Verfügung stand, beschreiben, was er sah. Im Vergleich zu damals hast du aufgrund des technischen Fortschritts einen größeren Wortschatz und durch die Science-Fiction-Filme, die du dir so gerne ansiehst, eine Idee für überirdische Zusammenhänge. Doch selbst das reicht bei Weitem nicht aus, um den ewigen Thron Gottes zu beschreiben. Auch kann ich nicht einer einzelnen Person die komplette Offenbarung darüber geben, das würde sie nicht verkraften. Deine Erkenntnis darüber kann deswegen nur Stückwerk sein, selbst zusammen mit den Offenbarungen von Hesekiel und Johannes und allen anderen, die schon Visionen über diesen Thron hatten. Aber vielleicht lassen sich andere Menschen, die mir nachfolgen, aufgrund deines Zeugnisses auf die Offenbarung dieses ewigen Thrones ein, dann kann ich noch mehr Puzzlestücke davon enthüllen."

So, wie es Jesus mir aufgetragen hat, gebe ich nun die Puzzlestücke, die ich von Gott erhalten habe, weiter. Soweit es mir möglich ist, gebe ich die Bibelstellen an, auf die sich meine Offenbarungen beziehen; sie können aber nur im Kontext der größeren Zusammenhänge in der *ganzen Bibel* verstanden werden. Noch ein wichtiger Hinweis: Ich habe mich nicht nach diesen Offenbarungen ausgestreckt, um daraus persönliches Kapital zu schlagen und mich ins Rampenlicht zu rücken. Sie kamen zu mir, weil ich ein tiefes Verlangen nach mehr Erfahrung von Gott hatte, als mir in meiner Gemeinde vermittelt wurde. Ich rate niemandem dazu, auf eigene Faust nach hohen Offenbarungen zu streben. Nur in einer immer enger werdenden Beziehung zu Jesus und an seiner Hand ist dieser Weg zu gehen. Es geht um heilige Dinge, und sich daran zu vergreifen, hat schon immer in eine Katastrophe geführt (vgl. 3 Mo 10,1-3; 1 Chr 13,9-10; 2 Chr 26,16-21; Apg 5,1-11).

Momentum

Die Offenbarungen über den ewigen Thron begannen damit, dass der Heilige Geist mir folgende Frage zu Hesekiel 1,15–21 stellte: „Wie würdest du ineinandergreifende Räder mit Augen, in denen der Geist der ‚Lebenden Wesen' ist, bezeichnen?" „Na ja", antwortete ich, „ich würde sie als außerirdische Lebensformen betrachten, weil es so etwas auf Erden nicht gibt." „Das kommt dem Ganzen schon näher. Diese Räder tragen durch den Geist Leben in sich und sie sind mit keiner irdischen Lebensform vergleichbar. Somit ist deine Bezeichnung als außerirdische Lebensform nicht verkehrt, aber sie sind natürlich viel mehr als das. Ich will dir noch mehr dazu offenbaren", meinte der Heilige

Geist. „Diese lebendigen Räder sind multidimensional, das heißt sie bewegen den Thron in verschiedenen Dimensionen, sowohl durch den Raum als auch durch die Zeit und viele andere sichtbare und unsichtbare Bereiche. Wenn die Räder mit voller Geschwindigkeit rotieren, sind sie wie pure, reine Energie."

In einer weiteren Vision erfuhr ich noch mehr über diese Räder. Auf meine bisherigen Fragen, wann denn ein himmlischer Durchbruch, auch Erweckung genannt, eintreten kann, bekam ich als Antwort bisher immer das Bild einer exponentiellen Kurve.

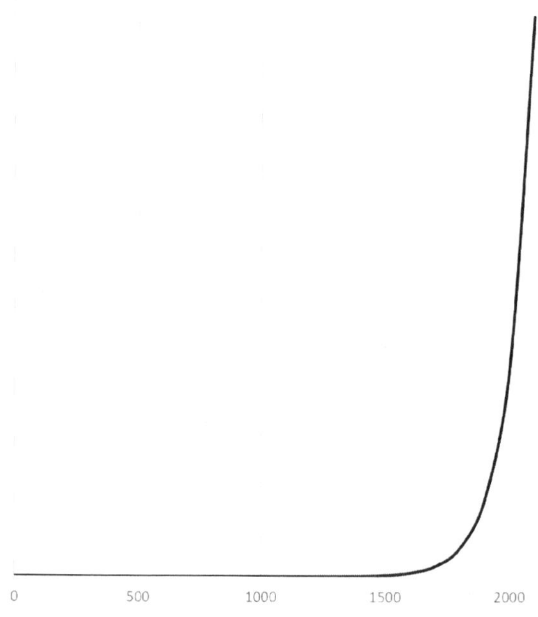

Jesus kam vor mehr als 2000 Jahren auf diese Welt und setzte den Prozess der Ausbreitung und Vollendung des Königreiches Gottes in Gang. Seine Predigt bestand in den Worten *„Tut Buße, denn das Königreich Gottes ist nahe herbeigekommen"* (vgl. Mt 3,2). Nach der Apostelgeschichte sah es über Jahrhunderte so aus, als würde sich fast nichts ändern. Das ist vergleichbar dem Anstieg zu Beginn der exponentiellen Kurve. Er ist sehr gering und daher kaum wahrnehmbar. Doch dann änderte sich das Bild, welches der Heilige Geist mir zeigte. Vor meinen Augen verwandelte sich diese exponentielle Funktion in ein dreidimensionales Bild. Die exponentielle Kurve sah jetzt aus wie eine Bahn mit Seitenbegrenzungen, vergleichbar einer Bowlingbahn. An dem Punkt, an dem sich die ansteigende Kurve sichtbar nach oben wendet, sah ich eine mächtige Kugel, die laut Heiligem Geist den Punkt in der Zeitlinie markierte, an dem wir uns geschichtlich gerade befinden.

Dann konnte ich durch die Hülle der mächtigen Kugel in ihr Inneres blicken. Dort befand sich etwas, das wie die rotierenden Räder aus Hesekiel 1 (vgl. Hes 1,15-21) aussah. Diese Räder standen nicht still, sondern bewegten sich in einer langsamen Rotation.[2] Der Heilige Geist erklärte mir, diese Räder müssten noch weit schneller rotieren, damit die mächtige Kugel, die das Königreich Gottes repräsentiert, an Momentum (Schwung) gewinnt. Diese Beschleunigung ist notwendig, um der negativen geistlichen Schwerkraft entgegenzuwirken, die versucht, die Kugel am Boden zu halten und am Aufstieg zu hindern. Sowohl irdische als auch dämonische Kräfte wollen diese Entwicklung unter allen Umständen aufhalten. Je weiter die Kugel nach oben läuft, desto mächtiger bricht der Himmel, das Königreich Gottes, in die irdische Dimension ein, was unvermeidlich Erweckung mit sich bringt, da alle es sehen werden. Wenn dann genügend Momentum aufgebaut ist, wird dies sehr schnell geschehen. Wir finden diese exponentielle Entwicklung sehr schön beschrieben in Daniel 2. Dort ist die Rede von einem Stein, welcher vom Himmel her dem Standbild der irdischen Reiche auf die Füße fiel. Während diese Reiche in sich zusammenbrachen, wuchs der Stein heran zu einem Berg, der die Welt erfüllte.

Daraufhin fragte ich den Heiligen Geist: „Ist das alles vorherbestimmt oder können wir diesen Prozess beeinflussen?“ Der Heilige Geist antwortete mir: „Es ist natürlich vorherbestimmt, sonst hätten die Propheten, sowohl des Alten als auch des Neuen Testaments, das nicht vorhersagen können. Und doch könnt

[2] Ein bisschen sah das Innere der Kugel auch so aus wie die Maschine in dem Film „Contact“ (1997), mit Jodie Foster und Matthew McConaughey in den Hauptrollen.

ihr Einfluss darauf nehmen, die Rotationsgeschwindigkeit der Räder im Inneren der Kugel zu erhöhen, sodass das notwendige Momentum für den Durchbruch des Himmels auf die Erde schneller aufgebaut wird. Eure Aufgabe besteht darin, einerseits Altäre der Anbetung aufzurichten als auch andererseits die dämonischen Altäre zu zerstören. Unter anderem kann dies über Urteile des himmlischen Gerichtshofs erfolgen, die dann von Engeln ausgeführt werden (wie bei Gideon im Buch Richter, Kapitel 6). Aber es gibt noch andere Möglichkeiten. Bittet Jesus vermehrt um Offenbarung über diese Dinge, damit ihr erfolgreich sein könnt. Denkt daran, diese Prophetien sollten ausgesprochen werden, weil Gott schon wusste, dass sich Menschen in eurer globalisierten Zeit mit der Frage nach den Bedingungen der weltweiten Erweckung beschäftigen würden."

Der Heilige Geist erklärte mir zur Frage der Erweckung noch Folgendes: „Bei den bisherigen Erweckungen war das Momentum zu gering. Es waren zwar viele hingegebene Beter da, um einiges an Dynamik aufzubauen. Die Kraft Gottes fiel, und in der Folge fand eine mehr oder weniger große Erweckung statt. Dies wurde auf allen Kontinenten erlebt und bezeugt. Jedoch nahmen die Menschen stets die Erweckung in die eigenen Hände, um sich eigene Altäre (eigene religiöse Strukturen) zu bauen und eine Kirche daraus zu machen. Ab einem bestimmten Punkt in dieser Entwicklung zog ich mich betrübt zurück (vgl. Eph 4,30) und die Erweckung verlor an Momentum (erstarrte) und starb, weil kein neues Leben und keine neue Kraft mehr flossen.

Doch diesmal wird die prophezeite Erweckung eine völlig andere Entwicklung nehmen. Im Verborgenen wird so viel Momentum aufgebaut, dass die Kugel sozusagen durch die Decke gehen wird. Dann wird die endzeitliche Armee, die Joel in Kapitel 2 prophezeit hat, sichtbar werden. Der Tag des HERRN wird sich dann entfalten und vollenden. Sollten sich Menschen erneut am Heiligen vergreifen, wie in den Erweckungen zuvor, wird sie der Stein aus Daniel 2,44-45 bzw. Lukas 20,17-19 zermalmen. Oder, anders ausgedrückt, das Gericht Gottes wird sie unverzüglich treffen, wie es bei Hananias und Saphira (vgl. Apg 5) der Fall war. Das sei euch eine ernste Warnung!"

Das Feuer zum Gericht Gottes

In einer weiteren Vision erklärte mir der Heilige Geist mehr zu dem Feuer und den Blitzen inmitten der lebenden Wesen, wie sie in Hesekiel 1,13 an dem Thronwagen Gottes beschrieben sind. Gott sandte von diesem Ort aus Blitze auf den Berg Sinai (vgl. 2 Mo 19), sodass der ganze Berg heftig erbebte, und kam dann im Feuer auf diesen Berg herab. Wie in Psalm 144,3 6 beschrieben, schießt Gott zur Verwirrung des Gegners aus der Höhe Blitze wie Pfeile auf die Erde ab. Diese Blitze sind nicht mit denen auf Erden vergleichbar, wie sie sich etwa in einem Gewitter entladen. Obwohl diese auch schon sehr viel Energie enthalten, sind Gottes Blitze doch weit mächtiger. Welcher irdische Blitz kann schon die Erde erbeben lassen (vgl. Ps 97,4)?

„Du hast ja das Feuer, das brennt, aber dich nicht verbrennt, als Feuerring am Fuße des Berges Zion schon persönlich kennengelernt. Dir wurde auch von Jesus offenbart, dass das Feuer nicht ausreichend ist, um dich zu transformieren; du solltest zusätzlich noch durch das lebendige Wasser gehen. Beides musste zusammenkommen, damit du weiter auf den Berg Zion aufsteigen konntest. Dieses Feuer zwischen den lebenden Wesen am Thron Gottes ist jedoch ein ganz anderes Feuer; es ist das Gerichtsfeuer Gottes. Nachfolgend zeige ich dir ein paar Beispiele dafür aus der Bibel. In 1. Mose 18,24 schickte Gott vom Thron aus dieses Feuer nach Sodom und Gomorra, um es zu zerstören. Nur Lot und seine Familie entgingen diesem Gericht.

Mehrmals fiel dieses Feuer auf den Berg Karmel herab. Zum einen verzehrte es das Brandopfer komplett mit dem Holz, den Steinen und der Erde (vgl. 1 Kön 18,17-40), woraufhin die Baals-Priester von Elia im Auftrag Gottes gerichtet wurden. Ein anderes Mal tötete es zweimal fünfzig Soldaten inklusive ihres Hauptmannes, die von König Ahasia zu Elia geschickt worden waren, um ihn gewaltsam abzuholen (vgl. 2 Kö 1,10-12). Ahasia hatte sich, statt den lebendigen Gott zu befragen, an Baal-Sebub, den Gott (Dämon) von Ekron gewandt.

David hatte für Israel von den Städten Berscheba bis Dan angeordnet, die Bevölkerung zu zählen (vgl. 1 Chr. 21). Dies tat er jedoch auf eigene Initiative, weil ihn Satan dazu verführt hatte (vgl. Vers 1). Dem HERRN war dies ein Gräuel, und er ließ David durch den Seher Gad drei Möglichkeiten der Bestrafung mitteilen. Als der Engel des HERRN in Jerusalem das Gericht Gottes mit seinem Schwert auszuführen begann, baute David auf dem Berg Moria einen Opferaltar. Dort verschlang das Feuer Gottes, ähnlich wie bei Elia, das Bandopfer Davids und beendete damit das Gericht Gottes (vgl. 1 Chr 21,26-28). Auch dieses Feuer ging von diesem Thron aus. Am Beispiel Davids kannst du sehen, dass dieses Feuer nicht nur Gericht bringen, sondern auch durch angemessene Buße beendet werden kann.

In 2. Petrus 3,7 und 10-12 steht Folgendes:

Die jetzigen Himmel und die jetzige Erde aber sind durch dasselbe Wort aufbewahrt und für das Feuer aufgehoben zum Tag des Gerichts und des Verderbens der gottlosen Menschen … Es wird aber der Tag des Herrn kommen wie ein Dieb; an ihm werden die Himmel mit gewaltigem Geräusch vergehen, die Elemente aber werden im Brand aufgelöst und die Erde und die Werke auf ihr im Gericht erfunden werden. Da dies alles so aufgelöst wird, was für Leute müsst ihr dann sein in heiligem Wandel und Gottseligkeit, indem ihr die Ankunft des Tages Gottes erwartet und beschleunigt, um dessentwillen die Himmel in Feuer geraten und aufgelöst und die Elemente im Brand zerschmelzen werden!

Auch dieses Gerichtsfeuer für den jetzigen Himmel und die jetzige Erde wird von diesem Thron zwischen den vier lebenden Wesen ausgehen. Der Grund dafür ist, dass dieser ewige Thron Gottes über allem steht. Ich kann dir nur annähernd erklären, wie diese Dimension Gottes über alle anderen Bereiche inklusive den Himmel und die Erde herrscht. Da du zurzeit Multidimensionalität nur teilweise verstehen kannst, sind deine Möglichkeiten, den ewigen Thron Gottes und seine Herrschaft wahrzunehmen, begrenzt."

Vier Wächter des Lebens

Zum ersten Mal hörte ich von den vier „Lebenden Wesen" aus Hesekiel 1, die an dem Thron Gottes stehen, von meinem Gebetspartner. Ein Geschäftsfreund von ihm hatte erzählt, er habe eines der vier „Lebenden Wesen" während eines Frankreichaufenthaltes in einer Vision im Geist gesehen. Das wunderte uns doch sehr, weil – soweit erkennbar – bei diesem Geschäftsfreund keine Anzeichen dafür vorlagen, dass er Jesus Christus kennt. Warum sich eines der „Lebenden Wesen" ausgerechnet ihm offenbarte, ist bis heute ein Rätsel für uns. Auf jeden Fall hatte sein Bericht bewirkt, dass wir darauf aufmerksam wurden. In der Folge las ich mir alle entsprechenden Bibelstellen durch, wurde aber nicht schlau daraus.

Ich selbst sah zwei der „Lebenden Wesen" zum ersten Mal, als ich prophetisch bei einer Sitzung im himmlischen Gerichtssaal diente. Zunächst sah ich zwei sehr große Engel mit Flügeln links und rechts neben dem Hochhaus stehen, in dem sich unsere Gebetsgruppe befand. Da ich bisher große Engel meist ohne Flügel wahrgenommen hatte, fragte ich den Heiligen Geist nach diesen besonderen Engeln. Er forderte mich auf, genauer hinzusehen, woraufhin ich erkannte, dass die zwei Engel jeweils sechs Flügel hatten. Der Heilige Geist bestätigte es mir, dass es sich bei diesen Engeln um zwei der vier „Lebenden Wesen" aus der Vision Hesekiels in Kapitel 1 bzw. Kapitel 10 seines Buches handelte. Ihre Gesichter konnte ich während des Gebets nur undeutlich wahrnehmen. Am nächsten Vormittag, während eines weiteren Gebetstreffens, konnte ich diese Engel immer noch wahrnehmen, jedoch blieb mir völlig unklar, weswegen diese beiden „Lebenden Wesen" auf der Erde bei unserem Gebetsort aufgetaucht waren. Es erforderte ein intensives Suchen des Herrn, bis der Heilige Geist mir und meinem Gebetspartner weitere Erklärungen zu den „Lebenden Wesen" gab.

Wir erfuhren, dass diese „Lebenden Wesen" auch Wächter des Lebens genannt werden. Sie dienen dem Leben, das Gott geschaffen hat, in einer umfassenden Art und Weise. Sie sind mit der Kraft und der Macht Gottes ausgestattet und kommen dann auf die Erde, wenn eine akute, globale Gefahr für die Schöpfung Gottes besteht. In dieser Hinsicht kannst du sie als Weltenretter bezeichnen. Jedenfalls sind sie die Hüter des Gerichtsfeuers Gottes (vgl. die Offenbarungen im Abschnitt zuvor). Sie rufen nicht nur mit den Seraphim: „Heilig, heilig" (vgl. Jes 6,1-7), sondern sind es buchstäblich. Ihre Heiligkeit ist ein direkter Abglanz der Herrlichkeit Gottes, und normalerweise kann kein Mensch ihren Anblick verkraften, außer er hat einen Auftrag wie Hesekiel, Jesaja oder Johannes, die uns in ihren Visionen etwas über diese Wesen mitgeteilt haben.

Der Heilige Geist teilte mir mit: „Da du soweit auf den Berg aufgestiegen bist, den Thron auf dem Gipfel schon sehen kannst und durch verschiedene Prozesse der Transformation gegangen bist, kannst du auch etwas von diesen ‚Lebenden Wesen' erkennen, ohne gleich tot umzufallen. Deine Identifikation mit dem Tod Jesu Christi (vgl. Röm 6–8) ist schon so weit fortgeschritten, dass eine Begegnung mit den ‚Lebenden Wesen' dich nicht töten kann, da du ja in Christus bereits gestorben bist. Was die Identifikation mit der Auferstehung Jesu betrifft, arbeite ich noch an dir, damit du darin ebenfalls zunehmen kannst.

Wenn alle vier ‚Lebenden Wesen' zusammen auf der Erde auftreten, realisieren sie die Worte aus 2. Petrus 3,7.12. Dann erschafft Gott einen neuen Himmel und eine neue Erde." Als ich mich später noch einmal nach der Größe dieser „Lebenden Wesen" erkundigte, sah ich die beiden anderen „Lebenden Wesen" in einer Vision sich gegenüberstehen. Sie schwebten im Weltraum, und zwischen ihnen nahm ich die Erde wahr, die im Vergleich zu ihnen die Größe eines Fußballs hatte. Ich schloss daraus, dass sie offensichtlich ihre Größe entsprechend der ihnen gestellten Aufgabe anpassen können. Das war mir schon bei anderen Engeln aufgefallen. Auch erinnerte ich mich an ein Wort der Erkenntnis vom Heiligen Geist, dass im Thronwagen Gottes (vgl. Hes 1) alle von Gott geschaffenen Universen enthalten sind. Diese Größe übersteigt vollends meine Vorstellungskraft, da es ein Aspekt von Multidimensionalität ist. Jesus, das Wort Gottes, hält alle diese Dimensionen zusammen. Ohne ihn würde alles auseinanderfallen (sich desintegrieren).

Dazu teilte mir der Heilige Geist noch Folgendes mit: „Sie sind multidimensionale Wesen, weswegen Hesekiel und Johannes sie unterschiedlich beschrieben haben, weil sie sie von verschiedenen Positionen aus betrachtet haben. Ihre Gesichter bilden gleichzeitig sowohl den Menschen als auch Tiere (Adler, Löwe und Stier) ab. Sie koordinieren die Hilfe, die uns vom Himmel zukommt. Diese Hilfe kann viele Formen annehmen, es können Engel oder ‚Tiere' aus der unsichtbaren Welt sein. Drei der Gesichter der ‚Lebenden Wesen' repräsentieren Tiere: den Adler, den Löwen und den Stier. (Mit dem Sinnbild des Adlers und des Löwen sind viele Christen vertraut, weniger mit dem Stier.)

Satan konnte weder alle Engel noch alle von Gott geschaffenen Tiere auf die finstere Seite ziehen (wie zum Beispiel die Schlange im Paradies; vgl. 1 Mo 3). Es gibt viele Tiere, die dem Reich Gottes, also dem Reich des Lichts, dienen und nicht der Finsternis. Viele göttliche und himmlische Aspekte werden von ihnen verkörpert."

Zum besseren Verständnis der Wesen in der Bibel habe ich folgende Begriffe gefunden: In Hesekiel 1, werden sie „Vier lebende Wesen" und in Hesekiel 10, „Cherubim" und „Lebendes Wesen" (vgl. Vers 20) genannt. Ihre Bezeichnung in Offenbarung 4 ist: „Vier Lebendige Wesen."

Laut einer anderen Offenbarung Gottes handelt es sich bei diesen Wesen um die gleichen Cherubim, die sich östlich des Paradieses lagerten (vgl. 1 Mo 3,24), um es zu bewachen, bis das Paradies kurz vor der Sintflut in die himmlische Dimension aufgestiegen war. Da eine Bewachung nicht mehr notwendig war, sind diese Cherubim zum Thron Gottes aufgestiegen. Gemeinsam mit den vierundzwanzig Ältesten und den rotierenden Rädern mit den Augen, war der Thronwagen Gottes (die „Merkaba") vollständig und bereit für seine letzten Aufgaben (Bestimmungen). Auch darüber gibt es ein Buch, das zum Buch des Lebens im Himmel gehört. Nur Weniges wurde in der Heiligen Schrift darüber geoffenbart, vieles nur in Andeutungen.

Vierundzwanzig Älteste

> *Und wenn die lebendigen Wesen Herrlichkeit und Ehre und Danksagung geben werden dem, der auf dem Thron sitzt, der da lebt von Ewigkeit zu Ewigkeit, so werden die vierundzwanzig Ältesten niederfallen vor dem, der auf dem Thron sitzt, und den anbeten, der von Ewigkeit zu Ewigkeit lebt, und werden ihre Siegeskränze niederwerfen vor dem Thron und sagen: Du bist würdig, unser Herr und Gott, die Herrlichkeit und die Ehre und die Macht zu nehmen, denn du hast alle Dinge erschaffen, und deines Willens wegen waren sie und sind sie erschaffen worden* (Offb 4,9-11).

Diese Offenbarung der vierundzwanzig Ältesten schenkte Jesus mir, als ich mich mit ihm über seine Gemeinde, die „Ekklesia"[3] unterhielt, wie sie im Original auf Griechisch im Neuen Testament genannt wird. „Damit ich meine Ekklesia bauen kann, braucht ihr unbedingt einen intensiven Kontakt zur himmlischen Dimension. Die Kirche ist seit mehr als zweitausend Jahren ein Beispiel dafür, wie der Mensch den Bau der Gemeinde aus eigener Kraft versucht hat und dabei grandios gescheitert ist, und immer noch scheitert. In dem Moment, da ihr wüsstet, wie die Ekklesia funktionierte, wäre es nicht mehr meine Ekklesia; wie ich sie baue, das ist mein Geheimnis. An Pfingsten hat sich die Prophezeiung aus Joel 3,1 erfüllt: Mein Geist und mein Feuer konnten tief in die Apostel und Jünger im Obergemach eindringen und in ihnen bleiben, da sie durch den Kontakt mit mir während meines Wirkens auf der Erde bereit dafür waren. Sie wurden dadurch sowohl Zeugen meines Wirkens auf Erden als auch der Kraft des Heiligen Geistes, der sie alle transformierte. Sie hatten aber keine Ahnung, wie ich durch sie meine Ekklesia aufbauen würde, wie es dann in der Apostelgeschichte geschah.

Sie mussten sich vollständig auf mich und die Kraft des Heiligen Geistes verlassen. Der Apostel Paulus sagte völlig zurecht:

---

[3] Vgl. Fußnote S. 44.

... und meine Rede und meine Predigt bestand nicht in überredenden Worten der Weisheit, sondern in Erweisung des Geistes und der Kraft (1 Kor 2,4). Mit dieser Art von Predigt konnten sie die damalige bekannte Welt mit dem Evangelium des Reiches Gottes durchdringen. Doch nach ein paar Generationen war damit Schluss. Statt Erweisung des Geistes und der Kraft waren nun viele überredende Worte zur Grundlage der Predigt geworden – und leider auch viel zu oft das Schwert.

Die Gemeinde, die dabei herauskommt, ist dann menschengemacht und entspricht nicht mehr meinem Plan der Ekklesia. In der menschengemachten Gemeinde werde ich instrumentalisiert, um ein eigenes religiöses Reich (das ‚Christentum') zu rechtfertigen, anstatt das Königreich Gottes zu etablieren. Was für eine Anmaßung! Natürlich habe ich mir über die Jahrtausende hin immer einen Überrest behalten, wie schon bei Elia, der seinerzeit dachte, er hätte ganz alleine den wahren Glauben bewahrt (vgl. 1 Kö 18,18). Ich liebe meine Ekklesia, und deshalb kämpfe ich dafür, dass sie sich wieder aus der Asche der Zeit erhebt. Die vierundzwanzig Ältesten können euch dabei helfen; sie befinden sich in der Wolke der Zeugen.

Sie beten mich permanent vor dem ewigen Thron an. Sie wissen genau, wer der Anbetung würdig ist und können euch darin unterweisen, denn meine Ekklesia ist eine Gemeinschaft der Anbetung. Ihre Siegeskränze haben sie von mir bekommen, weil sie mehr als Überwinder gewesen waren. Und doch werfen sie diese vor mir nieder (vgl. Offb 4,10), weil sie genau wissen, wem sie alles zu verdanken haben. Sie haben ihr Leben in völliger Abhängigkeit von Gott gelebt und stehen gemeinsam mit den vier ‚Lebenden Wesen' vor dem Thron. Für euch ist es sehr bedeutsam, dass es sich bei ihnen um Menschen handelt. Durch mich könnt ihr euch mit ihnen verbinden und an ihrem Dienst vor dem ewigen Thron teilnehmen. Ihr Lebenszeugnis lehrt euch völlige Abhängigkeit von mir und die Anbetung von ganzem Herzen, ganzer Seele, ganzem Verstand und mit aller Kraft. Nur in dieser Qualität von Abhängigkeit und Anbetung kann ich meine Ekklesia bauen."

Es gäbe noch viel zu sagen – über den Abendmahlstisch oder den Thron Gottes auf der Spitze des Berges Zion, das Paradies oder das himmlische Jerusalem. Doch ich höre an dieser Stelle auf und schließe mich dem Aufruf des Geistes und der Braut aus Offenbarung 22,17 an, die da sagen:

Komm!
Und wer es hört, spreche: Komm!
Und wen dürstet, der komme!
Wer da will, nehme das Wasser des Lebens umsonst!

Fazit

Dieses Buch beschreibt einige der Visionen, die ich von Gott über den Berg Zion, das himmlische Jerusalem und das Paradies geschenkt bekommen habe. In diesen Offenbarungen hat Gott mehrmals eine Einladung auch an dich, lieber Leser, liebe Leserin ausgesprochen, ebenfalls an diese himmlischen Orte zu kommen.

Doch eines dürfte klar sein: Neuer Wein passt nur in neue Schläuche (vgl. Mt 9,17); in die alten Strukturen und Traditionen passen diese Arten von Offenbarungen keinesfalls hinein. Auch ich musste zuerst meine ‚Kirchenbrille' ablegen, um dafür bereit zu werden. Laut Jesus soll ich ein Zeuge sein, jedoch bin ich weder ein Apostel noch ein Lehrer, also macht bitte keine Dogmen aus meinen Berichten. Ich kann es nur noch einmal betonen: Meine Erkenntnis ist nur Stückwerk. Wenn du andere Stücke bekommst, prima. Wenn du bestimmte Aspekte anders siehst, rede bitte mit Jesus Christus, dem himmlischen Vater und dem Heiligen Geist darüber.

Meines Erachtens leben wir bzw. die Ekklesia in einer Zeit des neuen Weines in neuen Schläuchen. Beides beginnt sich erst zu formen. Für diesen „neuen Wein" muss sich erst noch weitere Lehre finden. Wie ein Pionier konnte ich irgendwann auf kein Buch bzw. auf keine Lehre mehr zurückgreifen. Ich habe darauf geachtet, dass mein Skript dem Wort Gottes in der Bibel und seinem Wesen nicht widerspricht. Pioniere gehen Wege, die vorher noch nicht gegangen wurden bzw. für die die Zeit noch nicht reif war. Doch dadurch, dass sie einen Weg bahnen, können hinterher andere diesen Weg leichter gehen.

Ich habe die Offenbarungen, die mir Gott geschenkt hat, nach bestem Wissen und Gewissen aufgeschrieben. Natürlich fließt meine Persönlichkeit in den Text mit ein. Wie ich eingangs schon erwähnte, bin ich kein Autor, sondern Diplom-Ingenieur. Ich bin es durch meinen Job gewohnt, mich kurz und präzise auszudrücken. Gott verwendete in den Visionen Bilder, die ich verstehen konnte. Oft stieß ich allerdings an meine Grenzen, um das zu beschreiben, was ich in den Visionen gesehen habe. Deswegen fordere ich dich nochmals eindringlich dazu auf, mit Gott selber über die Inspirationen zu sprechen, die als Anregung für den eigenen Dialog mit Gott zu verstehen sind.

Und ja, der Umgang mit diesen Offenbarungen hat mich einen Preis gekostet. Ich musste mich ganz eng an Jesus halten, was für mich nicht immer einfach war. Viel Eigenes musste ich auf dem Weg beiseitelegen, da mein Ego (Fleisch) sich gar nicht so intensiv auf die Offenbarungen einlassen wollte. Während der in den Visionen erwähnten Transformationen (Verwandlungen) wurde es mehr und mehr überwunden. Je weiter die Offenbarungen fortschritten, desto öfters kapitulierte mein Verstand; weiter ging es dann nur noch mit meinem Herzen und dem von Jesus Christus geschenkten Glauben. Diese Visionen kosteten mich zudem sehr viel Kraft. Ohne den Beistand des Heiligen Geistes von oben hätte ich das nicht durchgehalten. Ebenfalls musste ich den tiefen Zerbruch meines „alten Menschen“ aushalten, durch den ich im Laufe der Begegnungen mit Gott, Engeln und dem Himmel ging. Meine Seele brauchte viel Zeit, diesem Prozess zu folgen.

Durch diesen Weg, den ich an der Seite von Jesus Christus gegangen bin, wurde ich immer abhängiger von Gott. Mein Ego und meine Unabhängigkeit von Gott sind dabei Stück für Stück gestorben. Hätte ich zu Anfang gewusst, auf was ich mich da eingelassen habe, bezweifle ich stark, ob ich ein „JA“ dazu gefunden hätte. Zum Glück hat Jesus mich an seine Hand genommen und dann Schritt für Schritt weitergeführt, gezogen und getragen. Es hat sich für mich gelohnt, da Jesus Christus dieses unbegrenzten Vertrauens würdig ist.

Eine ernste Warnung zum Schluss. Satan kann sich als Engel des Lichts verstellen (vgl. 2 Kor 11,14) und durchaus Visionen, wie ich sie gehabt habe, verfälschen. Häufig besteht diese Verfälschung darin, dass andere „Meister“ oder man selbst in den Mittelpunkt gestellt wird, und nicht Jesus bzw. Gott. Unter seinem Einfluss können Visionen verdorben werden oder einen zu hohen Preis verlangen. Satan ist der Lügner von Anfang an (vgl. Joh 8.44).

Denn was hilft es dem Menschen, die ganze Welt zu gewinnen und Schaden zu nehmen an seiner Seele? (Mk 8,36 LUT).

Daher funktioniert das geistliche Leben inklusive Offenbarungen und Visionen nur in einer engen, intimen Beziehung zu Jesus (vgl. Joh 10,1-10) und unter der Leitung des Heiligen Geistes (vgl. Joh 16,13).

Wenn du mich abschließend fragen würdest, was das Wichtigste war, um an den Fuß des Berges Zion zu gelangen und die Visionen darüber von Gott geoffenbart zu bekommen, dann ist meine Antwort darauf dieser Bibelvers aus Hebräer 12,22:

... sondern ihr seid gekommen zum Berg Zion und zur Stadt des lebendigen Gottes, dem himmlischen Jerusalem; und zu Myriaden von Engeln, einer Festversammlung; und zu der Gemeinde der Erstgeborenen, die in den Himmeln angeschrieben sind; und zu Gott, dem Richter aller; und zu den Geistern der vollendeten Gerechten; und zu Jesus, dem Mittler eines neuen Bundes; und zum Blut der Besprengung, das besser redet als das Blut Abels.

Durch das Meditieren über diesem Vers in meinem Herzen, die Sehnsucht danach, diese Realitäten zu erleben, und das tiefe Einlassen darauf, konnte der Heilige Geist mir das Tor (du kannst auch „Portal“ dazu sagen) in meinem Herzen öffnen, sodass ich Zugang zu diesen himmlischen Realitäten bekam. Das Bewegen eines Verses aus der Bibel im Herzen (vgl. Lk 12,19) geht weit über das verstandesmäßige Wissen hinaus. Daher ende ich mit folgendem Zitat aus der Bibel: „*Die Erkenntnis* ***bläht auf****, die Liebe aber erbaut*“ (1 Kor 8,1b).

Danksagungen

Mein Dank gilt in erster Linie Jesus Christus, dem himmlischen Vater und dem Heiligen Geist. Ohne deine Hilfe und deine Beharrlichkeit, lieber Gott, hätte ich keine Seite dieses Buchen schreiben können. Danke, dass du mich in ein Sabbatjahr (inkl. Verlängerung) geschickt hast, ohne das ich nie die Zeit gefunden hätte, mich darauf einzulassen.

Dann natürlich meiner lieben Frau Esther. In meinen schwierigsten und finstersten Stunden, als ich selber nicht mehr beten konnte, haben mich deine Gebete durchgetragen. Du bist der beste Schatz, den mir Jesus auf dieser Erde geschenkt hat.

Im Weiteren danke ich meinem Gebetspartner Dirk, mit dem ich zusammen seit beinahe zehn Jahren bete. Als es buchstäblich um Leben und Tod ging, hat uns Gott seinerzeit als Gebetsteam zusammengeschweißt. Allen Widerständen zum Trotz hat diese Freundschaft gehalten.

Natürlich danke ich auch meinem Freund, dem Autor Frank Krause. Ohne deine tiefgehenden Gespräche und visionären Bücher hätte ich mich nie auf den Weg gemacht, mich selbst nach den Offenbarungen Gottes auszustrecken. Vielen Dank auch für dein Lektorat; dadurch wurde dieses Buch viel besser lesbar. Durch den Dienst mit dir gemeinsam im Team kam ich auch in Kontakt mit Henk Bruggeman und seiner Botschaft vom Vaterherzen Gottes. Danke Henk, du bist mittlerweile diese Botschaft von der Liebe des Vaters geworden. Sie hat mich tiefgreifend verändert und mir den Weg zum Herzen des Vaters geöffnet, sodass ich die Vaterherz-Visionen empfangen konnte.

Auch Pamela Giehl und Barbara Rumpus aus Schorndorf sage ich herzlichen Dank. Ihr seid mir in Vielem ein Vorbild gewesen und seid es noch. Durch den Dienst mit euch bei *Kingdom Life*

NOW[1] durfte ich viele prophetische und apostolische Sprecher und Sprecherinnen aus aller Welt kennenlernen, was meinen Horizont erheblich erweitert hat. Ihr habt ein tolles Team um euch, welches mir viele neue Freunde beschert hat.

Es gäbe noch einige andere Personen zu erwähnen, die ich an dieser Stelle nicht alle aufführen kann. Herzlichen Dank für euren Dienst und eure Begleitung. Gott segne euch!

[1] *Kingdom live NOW e.V.* ist ein christlicher Lehr- und Trainingsdienst, der mittels Seminaren und Konferenzen die Dimension des Reiches Gottes vermittelt, um der mangelnden Kenntnis und Erfahrung zu begegnen, die in dieser Hinsicht die westliche Christenheit aktuell prägt. Mehr darüber auf der Webseite www.kingdomlifenow.de

Über den Autor

Markus Herbert arbeitete 25 Jahre als selbständiger Unternehmensberater im Computersektor, bis ihn Gott zu einem Sabbatjahr inklusive Verlängerung überreden konnte. Dieses Risiko einzugehen hat sich für ihn mehrfach gelohnt: Neben der Zeit, sich auf Gottes Visionen einzulassen und als Folge davon dieses Buch zu schreiben, hat er inzwischen über 300 Videos für verschiedene christliche YouTube-Kanäle produziert (u. a. für Frank Krause, *Kingdom Life NOW e.V.* und Henk Bruggeman), einschließlich der Betreuung der dazugehörigen Webseiten.

Er spielt außerdem Percussion in mehreren Lobpreisbands und ist dadurch seit über zehn Jahren deutschlandweit auf verschiedenen Konferenzen und Seminaren (Frank Krause, *Kingdom Life NOW* und *BEWEGEN17*) unterwegs, manchmal auch als Sprecher mit eigenen Vorträgen. Mehr von ihm gibt es auf seiner Website www.ToreZumHimmel.de und in seinem Podcast „Gateways to Heaven" (Tore zum Himmel). Mit seiner Frau Esther lebt er in Würzburg.

Weitere Produkte von GloryWorld-Medien

„Himmlische Bücher für die Erde“

Jonathan Welton, Die Schule der Seher

Eine praktische Anleitung, wie man ins Unsichtbare hineinsehen kann; 224 S.; Pb.; Vorwort von Randy Clark

Viele Christen haben angefangen, übernatürliche Phänomene zu erleben: Träume, (offene) Visionen, Engel oder Dämonen. Aber es mangelt ihnen an solider biblischer Lehre und sie sind zu dem geworden, was man als *Seherwaisen* bezeichnet: Sie suchen verzweifelt nach jemandem, der sie trainiert, ermutigt und freisetzt.

Das Ziel von Jonathan Welton war deshalb, ein praktisches Handbuch herauszubringen, das den Leib Christi mit den Informationen ausrüstet, die notwendig sind, um in der Dimension des Prophetischen bzw. des Sehers zu wachsen und im Leben im Übernatürlichen Reife zu erlangen.

Dr. Charity Virkler-Kayembe / Dr. Mark Virkler

Höre Gott durch deine Träume

Gottes Reden in der Nacht verstehen; 288 S., Pb.

In der Bibel finden wir sehr viele Beispiele für Gottes Reden durch Träume. Auch heute möchte er uns durch Träume wichtige Botschaften zukommen lassen. Doch beachten wir sie oft wenig oder wissen nicht, wie sie zu deuten sind.

Diesem Missstand möchte dieses Buches abhelfen. Die Autoren haben sehr viele Erfahrungen im Umgang mit Gottes Reden gesammelt. Das Buch ist ein praktischer, leicht verständlicher und biblischer Leitfaden, um die Sprache zu verstehen, die Gott in unseren Träumen benutzt.

Bill Johnson / Randy Clark, Berufen zu heilen I

Grundlagen und Praxis des Gebets für Kranke, 240 S., Pb.

Jeder Christ kann von Gott gebraucht werden, um anderen Heilung zukommen zu lassen. Das ist das Anliegen der beiden Autoren. Dazu berichten Sie, wie Gott sie in den Heilungsdienst hineinführte, und legen anschließend klare biblische Grundlagen für das Heilungsgebet. Im umfangreichsten Teil gehen sie auf verschiedene Aspekte ein, die für eine Heilung förderlich sind, erläutern, wie seelische und körperliche Krankheiten zusammenhängen und stellen dann ein in der Praxis bewährtes Modell für das Gebet um Heilung vor, das für alle Christen leicht anwendbar ist.

Die Geisterstadt-Trilogie von Frank Krause

Band 1: Die Geisterstadt

Das Geheimnis des Bösen; 180 Seiten, Paperback

Wie sieht Gott aktuell unsere Welt, unser Leben, den Zustand des Christentums? Welche Strategie befolgt das Böse darin, und wie ist es beschaffen?

Visionen helfen, den Horizont zu erweitern und die Welt mit neuen Augen zu sehen. Der Autor nimmt uns mit auf eine imaginäre Reise, auf der ihm Jesus Christus in einer Reihe aufschlussreicher Ereignisse das „Geheimnis des Bösen" erklärt. Es werden Zusammenhänge und Hintergründe deutlich, die wir vielleicht noch nie so gesehen haben.

Das Buch will dazu ermutigen, sich selbst tiefer auf Gott einzulassen und die eigene „Reise des Glaubens" mit ihren Höhen und Tiefen besser zu verstehen, denn mit dem, was wir nicht verstehen, können wir nur schwer umgehen.

Band 2: Unterwegs in die goldene Stadt

Lektionen des Weges; 192 Seiten, Paperback

Wir sind geschaffen für die Ewigkeit, und sie ist hier. Unser Bürgerrecht ist im Himmel – schon heute. Das Reich Gottes ist nahe herbeigekommen – zu uns allen. Aber was tun wir mit diesen großartigen Wahrheiten? Oder anders gefragt: Lassen wir uns wirklich auf sie ein?

Dieses Buch knüpft nahtlos an das Buch „Die Geisterstadt" an. Während es dort darum ging, das Böse und seine Ausprägungen zu erkennen und hinter sich zu lassen, führt der Weg nun zu der Stadt hin, die Gott baut – seiner goldenen Stadt mit ihrer geheimnisvoll strahlenden Heiligkeit.

Um in den Zustand gelangen, diese Stadt Gottes betreten zu können, gilt es eine Menge zu lernen und zu erkennen, zum Beispiel, welche fatalen Ideologien und Theologien abzulegen sind, wie Gott oft ausgebeutet wird, was Heiligung wirklich bedeutet und wie wir uns auf die bevorstehende Hochzeit vorbereiten können.

Band 3: Über die Schwelle

Vom Geheimnis des Übergangs; 208 Seiten, Paperback

Im geistlichen Leben geht es wesentlich um Übergänge: von der Finsternis ins Licht, von Egozentriertheit zu Christus-Zentriertheit. Der Autor gibt dem Leser Anteil an seinen Erlebnissen und Erkenntnissen auf diesem Weg.

Die Schwelle zur Heiligen Stadt bzw. dem Paradies Gottes können wir weder durch religiöses Verhalten noch durch hohe Moral überschreiten, sondern nur an der Hand Jesu, in der Liebe des Vaters und in der Kraft des Heiligen Geistes. Dieses Buch vollendet die im Buch „Die Geisterstadt" begonnene und im Buch „Unterwegs in die goldene Stadt" fortgesetzte Reise.

Henk Bruggeman, Das Herz des Vaters entdecken

Unsere Identität als Söhne und Töchter Gottes empfangen

200 S.; Paperback

Gott sehnt sich mehr denn je danach, seinen Kindern sein Vaterherz zu offenbaren. Er möchte, dass wir ihn nicht nur mit dem Kopf, sondern vor allem mit dem Herzen kennenlernen. Statt einer Distanziertheit soll eine innige Vertrautheit unsere Beziehung zu ihm prägen. Darüber hinaus möchte er uns aber eine neue Identität schenken: die Identität der Sohnschaft. Wir entdecken mehr und mehr, wie wir als echte Söhne und Töchter Gottes leben können.

Phil Mason, Das Wunder der Neuen Schöpfung

Die Grundlage der Herzensrevolution

Band 2 der Reihe „Übernatürliche Transformation"; 264 S.

Was genau passiert bei der Wiedergeburt eines Christen? Welche Segnungen gehen damit einher? Wie kommen wir dahin, vom Geist bestimmt zu werden? Und wie geschieht es, dass wir ganz heil werden und immer mehr Christus widerspiegeln?

Phil Mason legt die umfassende Grundlage dafür, dass jeder Christ die Tatsachen und Prozesse versteht, die uns zu siegreichen Christus-Nachfolgern machen. Das ist Voraussetzung für die Revolution, die Gott in seiner Gemeinde gerade in Gang bringt.

Luc Niebergall, Eine zeitlose Reise

Wie ich den Himmel erkunden und meine Identität empfangen durfte; 144 S., Paperback

Ab dem Alter von 16 Jahren wurde Luc Niebergall eine unglaubliche „Reise" in die Herrlichkeit der Person Jesu zuteil. Durch prophetische Begegnungen durfte er den lebendigen Gott erfahren.

Nach acht Jahren Visionen, Träumen und himmlischen Begegnungen hatte er den Eindruck, Gott wolle, dass er einiges von dem, was er ihm gezeigt hatte, in Form von Geschichten in einem Buch niederschreibt.

Dieses Buch ist ein Aufruf an die Söhne und Töchter Gottes, ihr volles Erbe zu empfangen, das darin besteht, in einer ewigen, intimen Beziehung zu Gott selbst zu leben.

Begegnen wir der intimen Liebe Gottes, des Vaters, fällt die falsche Identität der Waisenschaft von uns ab. Wir werden zu siegreichen Söhnen und Töchtern, welche den Nationen Heilung und Wiederherstellung bringen.

James Goll

Geistlich wahrnehmen und unterscheiden

Wie wir Offenbarungen empfangen, prüfen und anwenden können; 216 S.

James Goll erklärt, dass jeder Nachfolger Jesu geistliche Offenbarungen empfangen und prüfen kann, auch wenn einige als Propheten besonders begabt sind. Er legt präzise dar, wie wir unsere Sinne dem Heiligen Geist hingeben können, damit wir geistlich wahrnehmen können.

Und er erläutert, wie wir Offenbarungen prüfen, anwenden und letztlich verinnerlichen können, damit die Menschen sie nicht nur hören, sondern in uns sehen.

Für das vertiefte Studium ist ein Arbeitsbuch erhältlich.

James Goll

Die Gaben des Heiligen Geistes freisetzen

216 S., Paperback

Der Heilige Geist demonstriert Gottes übernatürliche Kraft durch seine Gemeinde heute, indem seine Herrlichkeit auf globaler Ebene freigesetzt wird. Alle Gaben Gottes sind immer noch voll funktionsfähig, und jeder einzelne Gläubige ist dazu bestimmt, im Fluss Gottes zu leben und seine Bestimmung zu erfüllen.

James Goll zeigt auf, wie der Heilige Geist durch die neun bekanntesten Geistesgaben wirkt und wie wir sie unter Gottes Leitung für die Erfüllung des Missionsbefehls einsetzen können.

Anhand vieler anschaulicher Beispiele aus der Bibel und aus der Gegenwart lernen wir, wie geistliche Gaben in der Praxis funktionieren. Aber es geht in diesem Buch nicht nur darum, wie man seine geistlichen Gaben entdeckt oder empfängt, sondern wie man sie freisetzt und weitergibt!

Für das vertiefte Studium ist ein Arbeitsbuch erhältlich.

Kevin Basconi, Mit den Engeln tanzen, Band 1

Die Grundlagen: Gottes Engel erkennen, einladen und beauftragen; 240 S.; Paperback

Mit diesem Buch stellt uns Kevin Basconi eine inspirierende, glaubensstärkende und praktische Anleitung zur Verfügung, wie ganz normale Gläubige mit Engeln zusammenarbeiten und sie sogar beauftragen können, um den Willen Gottes auszuführen.

Sein Buch ist voller spannender persönlicher Berichte, in denen er uns an seinem wachsenden Verständnis über das Wirken der Engel teilhaben lässt. Er erläutert, wie unsere Fähigkeit, Gottes Willen zu tun, dramatisch zunimmt, sobald wir mit Engeln zusammenwirken.

Barry & Lori Byrne, Liebe in der Ehe

Eine tiefere geistliche, emotionale und körperliche Einheit erleben; Vorwort von Bill Johnson; 334 S., Klappenbroschur

Gott möchte, dass die Ehe ein Ort echter Liebe und Vertrautheit ist. Dafür brauchen wir die Hilfe des Heiligen Geistes. Mit ihm können wir die Ursachen unserer Konflikte erkennen und überwinden. Unsere Ehe kann Heilung und Wiederherstellung erfahren, egal, wie der momentane Zustand ist.

Mit klarer biblischer Lehre und vielen praktischen Hilfen packen die Autoren die wichtigsten heißen Eisen an. Viele ermutigende Erfahrungsberichte verdeutlichen die dramatische Heilung und Intimität, die mit Gottes Hilfe möglich ist.

Danny Silk, Erziehung mit Liebe und Vision

Herzensbeziehungen eingehen statt Machtkämpfe austragen

Vorwort von Bill Johnson; 170 S., Pb.

Danny Silk fordert uns in unserem bisherigen Denken über Liebe, Disziplin und Respekt, ja in unserer generellen Vorstellung von Kindererziehung heraus. Er stellt eine Denk- und Lebensweise vor, die eine Leichtigkeit und Frieden in unsere familiären und sonstigen Beziehungen bringt.

Unser Herz spielt dabei die zentrale Rolle. Das Herz der Eltern und das Herz der Kinder. Wenn beide Seiten verstehen, wie sich ihr jeweiliges Verhalten auf das Herz des anderen auswirkt, werden die Herzen geschützt und Beziehungen können gedeihen.

Dr. Larry Richards

Die volle Waffenrüstung Gottes

Gut geschützt gegen die Angriffe des Bösen; 208 Seiten, Pb.

Die Bibel macht deutlich, dass ein Großteil unserer Unsicherheiten, Ängste und Zweifel auf den Machenschaften böser Mächte beruhen. Deshalb ist es so entscheidend, dass wir sowohl die Strategien kennen, die Satan benutzt, um uns anzugreifen, als auch die Rüstung, die Gott uns zur Verfügung stellt, um uns dagegen zu schützen.

Eine biblische Dämonologie, Hilfen zum Umgang mit dem Bösen in der Seelsorge sowie Lektionen für „Lebe-frei-Selbsthilfegruppen" runden das Buch ab.

Bestellen Sie im Buchhandel oder direkt beim Verlag:

GloryWorld-Medien | Beit-Sahour-Str. 4 | D-46509 Xanten
Fon: 02801-9854003 | Fax: 02801-9854004 | info@gloryworld.de

Aktuelles, Leseproben, Downloads & Shop: **www.gloryworld.de**